최고가 되는

여성

리더십

5단계

목차

최고가 되는 여성 리더십 5단계

충격적일 정도로 많은 여성들이 조직에서 리더가 되길 원하지 않는다. 이코노미스트의 Glass-ceiling Index[i]를 살펴 보면 기업의 이사회(board of director)에 포함되는 여성은 2018년 기준 2.3%에 불과하며 지난 10년간 한국은 29개국 중 늘 최하위를 기록하고 있다.

남성 위주 조직의 텃세, 소수 여성 리더에 대한 편견,

육아 및 가사노동의 어려움 등 장애물이 너무 많기 때문이다. 하지만 리더가 되지 않아 나타나는 사회적 부작용은 매우 크며 그 결과는 여성들에게도 고스란히 피해가 가게 된다.

여성 정치인이 부족하다 보니 여성을 위한 정책이 미흡하고, 기업에 근무하지 않다 보니 경제권이 없어 가정에서 큰 목소리를 내는 것이 어렵고, 육아와 가사노동에 지치다 보니 내가 누구인가를 잃어 가면서 자존감이 낮아지고, 그 모습을 다른 어린 여성들이 보면서 롤모델을 찾지 못하게 되기 때문이다. 이 악순환을 끊기 위해 누군가는 앞장서서 리드하고, 버티고, 일으켜 주고, 손을 붙잡으며 앞으로 나아가야 한다.

최고가 되는 여성리더십 5단계는 더 많은 여성 리더들을 육성하기 위해 만들어진 책이다.

1단계는 자신을 아는 리더로 시작한다. 인코칭 R&D

센터의 조사에 따르면 많은 여성 리더들이 자신을 리더라고 인식하지조차 못했다. 자신 스스로 리더라고 생각을 전환해야 하기에 자신을 아는 리더부터 시작점을 잡았다. 2단계는 공감하는 리더이다. 여성이 더 강점을 가진 공감능력을 강화하고 조직 내에서 지혜롭게 사용할 수 있도록 코칭 리더십을 학습할 수 있도록 했다. 3단계는 성장하는 리더이다. 여성이 가장 부족한 부분이 조직 내 스스로의 성장과 구성원의 성장을 육성하는 부분으로 나타났기 때문에 그 부분을 지혜로운 피드백을 통해 극복할 수 있도록 구성되었다. 4단계는 균형잡힌 리더이다. 일과 삶의 균형은 삶의 여정에 따라 달라지는데 안정적으로 자신의 삶을 지혜롭게 설계해 나갈 수 있도록 계획할 수 있도록 만들어졌다. 5단계는 나누는 리더이다. 가장 높은 리더십의 단계인 나눔의 리더십과 그 놀라운 영향력에 대해 생각하고 실행할 수 있도록 설계 되었다.

위의 5단계 리더십을 통해 지난 5년간 수 많은 여성 리더들이 힐링 받았고, 기업과 사회의 리더로 성장할 수 있는 계기가 되었다. 이 책을 4년만에 개정판을 내게 된 동기는 시대의 흐름이 점점 더 여성리더들의 리더십이 향상되기를 바라는 요청사항이 더 강해졌기 때문이다. 또한 주인공은 실존 인물로, 현재 IT기업 CEO로서 당당하게 일하며 더욱 성장하고 있어서 자신있게 나누고 싶었다.

더 많은 대한민국의 여성 리더가 나타나길 간절히 소망한다.

저자 홍의숙, 정혜선, 허영숙

이 책을 읽은 분들의 추천사

가끔씩 보이지 않는 벽에서 고민하는 여성들에게 지혜로운 해답을 준다!
김성혜 대표 브로더파트너즈

리더십에 대한 단계별 성찰이 조직에서의 방향성뿐만 아니라
삶 전반에 대한 방향성까지도 잡아준다.
팽경인 대표 그룹세브코리아

고달프고 외로운 여성리더의 자리를 갈 것인가 포기할 것인가의
기로에 있다면 반드시 읽어봐야 할 책!
이기경 전무 SC제일은행 브랜치 & PB세그먼트사업부 총괄

일하는 여성으로서 누구에게라도 위로와 공감을 받고 싶은 날,
온전히 이해해주고 나아갈 힘까지 주는 책!
이선주 상무 KT

82년생 김지영이
대한민국에서 여성으로 산다는 것에 대한 문제제기를 했다면,
최고가 되는 여성리더십 5단계는 대한민국에서
여성이 리더가 되기 위한 해결책을 제시한다!
김성회 소장 CEO 리더십 연구소

최고가 되는 여성리더십 5단계는
어떻게 하면 여성 구성원에게 효과적으로 소통할 수 있을지
고민하는 '남성'분들에게 추천하고 싶다.
여성직장인을 이해할 수 있기 때문이다.
함께 일할 때 성별차이에 대한 부담을 내려 놓고
편안하게 서로의 장점을 살릴 수 있는 커뮤니케이션 노하우가 담겨 있다.
남석열 처장 한국동서발전 인재경영처

조직에서 리더로서 생존할 수 있을까?" 에 대한 걱정으로
선택의 갈림길에 있는 여성들을 위한 책이다.
성공한 여성리더이자 전문코치 3인이 던지는
현실적인 조언과 따뜻한 위로를 통해,
직장인으로서의 새로운 2막을 시작할 수 있는 용기가 생겼다
박희량 부장 한국바스프 HR

조직에서 성장하고 싶은 여성 모두에게
큰 도움이 되는 내용으로 만들어진 놀라운 책이다.
여성과 남성의 마음 모두 뭉클하게 만들고,
용기 있게 나아가게 만드는 힘을 가졌다.
김재홍 부사장 조이코퍼레이션

이 책을 읽은 분들의 후기

지금 내가 더 나은 여성리더가 되었느냐고 질문한다면 여러 가지 핑계를 대면서 고민할 것 같습니다. 리더십을 키우기 위한 노력보다는 현실을 극복하려고 업무적인 성과만을 생각했던 시간이 많았기 때문입니다. 항상 가정과 직장의 균형과 상사와 팀원과의 관계에서 고민하는 나에게 조직 내에서 여성리더의 현실과 정말 필요한 변화가 무엇인가를 고민할 수 있게 도와주는 책입니다.

이 책은 여성 리더십의 본질을 소설이라는 형식으로 알려주고 있다는 데 의미가 있다고 생각됩니다. 딱딱한 이론들로만 나열하여 자칫 지루해질 수도 있는 내용이 이렇게 소설이라는 형식으로 알려주니 책을 더욱 생동감 있게 또 흥미롭게 읽을 수 있었습니다. 그에 따라 이해하기도 더욱 쉬웠습니다. 여성리더십을 더욱 향상하고자 하시는 분들은 물론 리더십의 의미에 대해 소설이라는 형식을 빌려 편하게 읽고자 하시는 분들이라면 꼭 한 번 읽어볼 것을 권유하고 싶습니다.

여성리더는 회사일 뿐만 아니라 엄마로서 상사로서 며느리로서 아내로서 누군가의 후배로서 정말 많은 역할을 가지고 있는데요, 그 사이에서 진정한 나를 찾아야 한다는 게 가장 큰 중점입니다. 일과 육아 사이에서 많이 고민하는 여성리더라면 '최고가 되는 여성리더십 5단계' 도서는 큰 도움이 되리라 생각합니다!

여성리더라는 이름표를 달고는 있습니다만 사실 집에서는 며느리라는 이름을 달기도 하며 누구의 부인이라는 이름표를 달기도 합니다. 그렇기 때문에 여성리더가 충분한 리더십을 발휘하기에는 많은 시간이 걸릴 듯합니다. 하지만 최근 행정고시에서 여성의 합격률이 50%를 상회하고 있다는 이야기를 들은 적이 있었습니다. 공직에서 소프트적 여성 리더십이 점점 가세하는 것이라고 판단이 됩니다. 그리고 앞으로 제가 여성리더를 만나게 된다면 남성리더와 차별 없는 보필을 하리라는 마음을 더욱더 굳건하게 해주는 그런 책이었습니다.

이 책의 내용 하나하나 의미가 있는 부분이라서 한 글자라도 빼놓고 읽을 수 없을 정도입니다. 현실적인 조언과 충고, 경험을 통해서만 알 수 있는 세세한 부분까지 나와 있어서 이해가 빠르고 사회생활을 하면서 도움이 많이 됩니다. 직장인으로서 여러 가지 고충과 여자로서 성공할 수 있을지에 대한 막연한 걱정이 있었는데, 이 책을 통해서 그런 걱정 근심은 사라지고 자신감이 생기는 기분이에요!

여자로서 겪을 수 있는 직장 내 문제를 극복하고 한 걸음 더 성장하기 위한 방법을 제시한 책입니다,

나 자신을 점검하고 내 삶의 터닝포인트가 될 수 있는 책입니다!

여성임을 우선으로 감사하고 인생에서 '성장/육성' 측면에서 도움을 받고 싶다면 이 책을 추천합니다.

나를 리더로 키워 준, 여성리더로서 꼭 알아야 하는 내용을 담은 책!

리더로서 여성의 강점을 개발할 기회를 제공하는 책입니다.

나는 성공적인 여성리더로
성장하고 있는가?

STEP 1. 나는 자신에 대해 알고 있는가?

☐ 내 자신이 가장 즐겁게 일하는 상황이 어떤 때인지 알고 있다.

☐ 자신 있는 부분에 대해서는 확신을 갖고 다른 사람을 대한다.

☐ 타인과의 관계에서 합리적인 사고를 하는 편이다.

☐ 다른 사람을 이해하는 감성적인 면이 잘 발달되어 있다.

☐ 어떤 일이든 적극적으로 대처방안을 찾는 편이다.

☐ 주1회 3시간 이상 자신의 발전을 위한 시간을 사용한다.

Step 2. 나는 공감하는 리더인가?

☐ 나는 대화할 때 주로 들으면서 어떤 형태로든 반응을 잘 한다.

☐ 말하는 사람의 상황을 잘 이해하기 위한 질문을 하는 편이다.

☐ 우리라는 말을 좋아하며 상대방의 눈높이에 맞는 언어를 사용한다.

☐ 상대방이 말하지 않아도 그 사람의 숨은 감정을 잘 읽는다.

☐ 상대방의 습관적인 몸짓이나 자주 사용하는 용어를 섞어서 대화한다.

☐ 상대방으로부터 공감해줘서 고맙다는 말을 자주 듣는다.

Step 3. 나는 성장하는 리더인가?

☐ 무엇을 할 것인지에 대해 확실하게 알고 계획한다.

☐ 1년에 두 번 정도 무엇이 달라졌는지 점검한다.

☐ 문제 해결하는 방법이 점점 유연하고 다양해짐을 느낀다.

☐ 성공적으로 해냈다는 확신을 갖는 횟수가 늘어난다.

☐ 주변에 있는 사람들이 성장하고 있음이 느껴져서 좋은 기분을 느낀다.

☐ 다른 사람에게 긍정적인 피드백을 자주 하게 된다.

Step 4. 나는 균형 잡힌 리더인가?

☐ 육체적, 정신적 건강을 위해 규칙적으로 활동하고 있다.

☐ 현재 주어진 상황에 대해 만족감을 느낀다.

☐ 더 나은 미래를 위해 재정적 계획을 세우고 실행한다.

☐ 정기적으로 참여하는 모임들이 있고 그 속에서 관계를 잘 쌓고 있다.

☐ 그동안 해온 일이나 관계에 대해 별로 불편함을 느끼지 않는다.

☐ 도울 수 있는 일이 무엇인지 찾을 여유가 있다.

Step 5. 나는 나누는 리더인가?

☐ 내가 가진 자원에 대해 감사한 마음이 있다.

☐ 상대방을 보면 칭찬할 것이 보이고 즉시 표현한다.

☐ 나눔을 실천하는 것에 별로 주저함이 없다.

☐ 누군가와 나눌 것을 생각하면 행복해진다.

☐ 사람들이 나에게 도움을 청하는 것을 편안해한다.

☐ 다른 사람에게 희망을 갖게 하는 기회를 찾는다.

POINT

① 평소 자주 사용하는 언어와 행동 패턴을 분석해보고,
더 나은 태도를 갖추고자 노력한다.

② 함께 하는 사람들에게 내가 듣고 싶은 말을 먼저 한다.

③ 내가 어떤 성장을 해왔는지 주기적으로 체크하고,
매일 작은 발걸음이라도 앞으로 나아간다.

④ 남들과 비교하지 말고, 일과 삶에서 균형을 이루기 위한
나만의 차별화된 전략을 세운다.

⑤ 나와 다른 사람을 세우는 말로 하루를 시작한다.

제 1단계

자신을
아는
리더

버드아이뷰

하늘에서 내려다본 인천공항은 너무나 선명해 오히려 비현실적으로 보였다. 곧게 뻗은 활주로와 탑승교를 향해 서서히 움직이는 비행기들, 통합물류창고와 주차장, 면세점 건물이 레고블록처럼 놓였다. 서유진 팀장에게는 익숙한 풍경이다.

먼 출장길에서 돌아올 때 비행기 창밖으로 영종도가 내려다보이기 시작하면 언제나 가슴이 두근거렸다. 겨우 돌아왔다는 안도감과 함께 출장을 통해 얻거나 잃은 것을 회사에 가서 어떻게 풀어놓을까, 머릿속이 분주했다. 하지만 이번엔 달랐다. 돌아오는 내내 마음이 편치 않았다. 해외 출장엔 늘 변수가 따른다. 애초에 전문 통역사의 도움을 받기로 했다가 갑자기 영어로 프레젠테이션을 하게 되거나, 기업 대표와의 미팅에 그 나라의 총리가 예고 없이 참석하기도 했다. 그럴 때마다 유진은 머뭇대지 않았다. 어떻게든 성과를 내기 위해 단기간에 집중력을 발휘했다.

이번 출장도 마찬가지였다. 중국 정주시(鄭州市)에 새로 문을 연 한국관을 둘러보고 지원 사항을 체크하는 게 애초 출장의 목적이었다. 하지만 시(市) 서기가 생각보다 적극적으로 관심을 표시했다. 유진은 본사와 연락을 취해 프로모션 예산을 추가 투입하고 S그룹의 IT제품을 독점 공급하는 쪽으로 가닥을 잡았다. 지금은 S그룹 마케팅사업부 광고팀 팀장으로 일하지만 얼마 전까지만 해도 S그룹 IT계열사 신제품개발팀에서 일했기에 가능한 일이었다. 한밤중에 실무자와 의견을 조율하고 이튿날 아침 프레젠테이션을 강행했다. 큰 틀에서 합의를 도출해 냈으니 해당 사업부 실무자가 정주시로 날아가 마무리 짓는 일만 남았다.

온 몸의 뼈와 근육, 신경까지 모두 쏟아놓고 나면 출장에

서 돌아오는 비행기 안에서는 보통 담요를 머리끝까지 뒤집
어쓰고 잠들기 일쑤였다. 너무 피곤해 잠이 오지 않을 때는
승무원에게 와인 한 잔을 부탁해 알코올 기운이 기분 좋게
퍼지는 것을 느끼면서 느긋하게 잠에 빠져들곤 했다.

그런데 인천으로 돌아오는 비행기 안에서 유진은 내내
창밖만 바라봤다. 가도, 가도 비행기는 좀처럼 구름 속을 벗
어나지 못했다. 유진은 자신이 구름 속에 갇힌 새가 된 것만
같았다. 정말 구름 속에 갇힌 새가 있다면, 그 새는 어떻게
방향을 잃지 않고 날아갈 수 있을까. 구름 속에서 갇힌 새라
면, 새의 눈으로 구름 속을 꿰뚫어 볼 수밖에 없지 않을까.
새의 눈으로. 버드아이뷰.

버드아이뷰는 카메라 샷의 일종을 말한다. 헬기를 띄워
하늘에서 내려다보이는 풍경을 하나의 앵글에 담아내는 기
법이다. 대학에서 영화연출을 전공한 유진에게는 익숙한 용
어다. 기업에 입사한 후엔 버드아이뷰가 게임용어로도 쓰인
다는 것을 알았다. S그룹의 IT 계열사에 발령받아 게임 콘

텐츠 개발을 진두지휘하면서부터다. 게임에 따라 1인칭 시점, 3인칭 시점 등으로 플레이어가 시점변화를 줄 수 있는데, 공중에서 주인공과 주인공이 위치해있는 장소를 한눈에 내려다볼 수 있는 시점을 버드아이뷰라고 한다.

같은 용어지만 미묘하게 다른 뜻을 품고 있다. 영화에서는 스토리 전환을 가져올 필요가 있을 때, 주인공의 심리적 상황을 관조적으로 표현할 때 버드아이뷰가 주로 쓰이지만 게임에서라면 얘기가 달라진다. 자기 자신과 자신을 둘러싼 환경을 보다 적극적으로 장악할 수 있는 위치에 있다는 뜻이다.

S그룹에 입사한 지 15년, 유진은 세계 경제 동향과 기업 현안을 냉철하게 분석하고 현재 시점뿐 아니라 조금 먼 곳까지 내다보는 눈을 갖췄다고 자부했다.

높은 곳에서 관망하고 멀리 내다볼 줄 아는 리더가 되는 것, 그것은 유진의 개인적인 목표이기도 했다. 그 목표는 거의 이룬 것처럼 보였다. 하지만 두 달 전 본사 마케팅사업부 광고팀에 발령받은 후론 모든 일에 자신이 없어졌다.

"승객 여러분, 잠시 후 인천공항에 도착할 예정입니다. 그때까지 안전벨트를 풀지 마시고 자리에 앉아 대기해 주시기 바랍니다. 안전하게 착륙할 때까지…."

기장의 안내방송이 들렸다. 유진은 다시 창밖으로 시선을 돌렸다. 활주로가 무섭게 가까워지고 있었다. 활주로 주변에 앉아있던 새들이 황급히 날갯짓을 시작했다.

'YES!'라 말하는 배짱

유진은 공항 주차장에 주차된 차 트렁크를 열었다. 큰 아이가 부탁한 패딩 조끼, 작은 아이가 부탁한 입술 틴트와 파우치가 쇼핑백에 그대로 담겨 있다. 중학교 1학년인 아들은 수학여행에, 초등학교 5학년인 딸은 친구들과 주말에 놀이공원에 갈 때 필요하다고 부탁한 것이다. 애초에 3일 출장을 계획했던 것이라 돌아와서 주려고 미리 사뒀던 것인데 이미 수학여행도, 놀이공원에 간다던 주말도 지나버렸다.

출장 3일째 되던 날 저녁, 아이들에게 국제전화를 걸었다. 밤인데도 호텔 밖 전망은 조명으로 눈부셨다. 유진은 정주시의 랜드마크로 손꼽힌다는 콘 타워를 바라보며 통화음이 떨어지길 기다렸다. 옥수수 모양을 닮은 빌딩이라서 콘

타워라고 부른다는데, 디자인이 독특해서 한참 눈길이 갔다. 몇 년 전 본사 건물을 리모델링했던 일이 떠올랐다. 유진은 그 프로젝트의 책임자였다. 그때 독특한 디자인을 과감하게 도입했더라면 서울의 랜드마크가 될 수도 있지 않았을까. 좀 더 과감하게 밀어붙이지 못한 것이 후회됐다.

잠깐 다른 생각에 몰두한 사이 전화 연결음 대신 아들의 목소리가 들렸다.

"엄마가 약속을 못 지키게 됐어."

"괜찮아요. 다른 옷 입고 가면 돼요."

아들은 무뚝뚝하게 대답했다. 딸도 마찬가지였다.

"괜찮아요. 용돈 남았어요. 학원 가는 길에 화장품 가게에 가서 살게요."

제법 자랐다고 생각한 아들은 그렇다 쳐도, 아직 어린 딸의 목소리에도 짜증이나 투정이 묻어있지 않았다. 아이들에겐 어렸을 적부터 익숙한 일이다. 엄마는 비 오는 날 교문 앞에 우산을 들고 나타나지도 않고, 집에 놀러 온 친구들에게 간식도 챙겨주지 않는다는 걸 알고 있다. 서운하지 않아서가 아니라, 서운함을 드러내지 않는 법을 배운 것이다. 그걸 엄마인 유진이 모를 리 없다. 유진은 아이들의 물건이 담긴 쇼핑백을 트렁크에 그대로 두고 운전석에 앉았다.

"서유진입니다. 지금 도착했습니다… 업무 관련 파일은 해당 사업부 실무자에게 사내 메일로 넘겼습니다… 네… 진행 사항은 모두 공유된 상태입니다. 실무자는 지금 정주시에 있습니다. 네… 알겠습니다."

직속 상사인 김진열 부장에게 간단한 보고를 하고 전화를 끊었다. 김진열 부장은 마케팅사업부 부장이다. 광고팀과 디자인팀을 총괄하고 있다. 유진은 회사로 돌아가자마자 김 부장에게 출장 보고를 해야 한다. 김 부장과 마주할 생각을 하니 벌써부터 마음이 무겁다.

그날 자신의 기분과 상대에 따라 컨디션의 기복이 심하고, 부하직원이 자신의 영향력 하에 있다는 것을 수시로 확인하고 싶어 한다는 것이 김 부장에 대한 사내 중평이다. 유진 역시 김 부장에게 다가가는 것이 부담스럽다. 아이디어 회의를 하거나 광고 시안을 내밀 때마다 자신도 모르게 신경이 날카롭게 곤두섰다. 하지만 피하고 싶다고 피할 수 있는 일이 아니다.

유진은 엑셀을 밟았다. 벌써 오후 4시. 퇴근 시간 전까지는 도착해야 했다. 유진의 차가 빠르게 영종대교를 건넜다. 안개로 유명한 영종대교는 오늘도 짙은 안개에 싸여있다. 방금 구름 속을 헤쳐 왔는데, 이번엔 안갯속이다.

유진은 상사에게서 신뢰받는 부하 직원이었다. 일에 대한 욕심도 남달랐다. 타고난 승부욕도 한몫했다. 인사고과에서 매년 A등급을 받지는 못하지만, C등급 이하로 떨어져본 적도 없다. 누구보다 업무에 몰두했고 결정은 신속했다. 돌발적인 변수에 유연하게 대처할 줄도 알았다. 직원들과 사석에서 어울리는 일에도 스스럼이 없었다. 주도해서 술자리를 만들지는 않지만 필요하면 밤 새 즐길 줄 알았다.

기혼녀라면 한 번쯤 겪는 경력단절의 위기가 유진에게도

찾아온 적이 있었다. 출산 때문이었다. 여직원은 출산 후 빠르게 복귀하지 않으면 승진에서 밀려난다. 자신의 빈자리는 다른 누군가로 손쉽게 대체된다. 유진은 둘째를 낳고 3개월 만에 회사로 복귀했다. 첫째를 낳고는 2개월 후에 복귀했으니 한 달 늦은 셈이었다. 직급이 올라가면서 유진의 경쟁자는 같은 여직원보다는 남직원들이 될 때가 많았다. 얼마 되지 않는 여자 동기들은 시간이 지나면서 자신의 길을 찾아 회사를 떠나는 경우가 많았다. 알게 모르게 존재하는 남녀 간 기회의 차등, 의사결정 과정에서 소외당하는 분위기, 롤 모델의 부재, 이유는 많았다. 소위 말하는 '유리천장'이 유진의 머리 위에도 엄연히 버티고 있었다.

때로 업무보다 사내 정치에 몰두하는 남자 직원들을 볼 때마다 한숨이 나왔다. 그들을 탓할 수만은 없었다. 회사에서 오직 성과로만 인정받는 것은 애당초 말이 되지 않았다. 비즈니스는 본질적으로 사람과 사람 사이의 관계다. 인간적인 유대를 맺는 일에 스스럼이 없는 유진이었지만 간혹, 다들 남탕에 몸을 담그고 있는데 혼자 여탕에 들어가 있는 것 같은 쓸쓸한 기분이 들 때가 많았다. 그래도 유진은 기죽지 않았다. 현실이 족쇄라면 족쇄를 찬 채로 달려야 한다는 게 유진의 생각이었다. 족쇄를 끊는 일에 몰두한다면 그 사이 레이스에서도 탈락할 테니까. 험난한 레이스에서 살아남는다면 발목을 옭아맨 쇳덩어리 같은 건 어느새 부서져 있을지도 모르니까.

S그룹 IT계열사 신제품개발팀에서 일하던 유진은 정철주 상무의 호출을 받았다. 50대 초반의 정 상무는 유진이 신입사원 시절 백화점 부문 MD사업부에 발령받았을 때 처음 만난 상사였다. 그는 여직원이라고 특별한 배려를 하는 법이 없었다. 그렇다고 차별을 두지도 않았다. 오직 성과로만 부하직원을 판단했다. 유진은 그런 정 상무를 신뢰했다. 유진에게 필요한 것은 공정한 잣대, 그 이상도 이하도 아니었다.

유진이 들어서자 정 상무는 뜻밖의 제안을 했다.

"자네, 이제 그룹 마케팅 사업부에서 일해보지 않겠나?"

그룹 마케팅사업부이라니. 마케팅사업부 중에서도 광고 팀이었다. 정 상무는 유진에게 광고팀을 책임져 보라고 했다. 광고팀은 특별한 일이 없는 한 신입사원 시절부터 그 분야에 전문가로 키워진 사람이 계속 남게 된다. 다른 직군과는 달리 전문가적 소양이 필요해 기업 내에서 스페셜리스트로 분류된다. 팀장은 바뀌지만 팀원은 좀처럼 바뀌지 않는 곳이 광고팀이다. 유진은 입사 이후 다양한 계열사에서 경험을 쌓았지만 광고에 관해 아는 것은 거의 없다시피 했다.

"네. 하겠습니다."

유진은 언제나처럼 'YES'라고 답했다. 준비가 완벽하게 되었을 때 기회가 주어지고, 그 일을 성공적으로 처리할 수 있는 사람은 극히 드물다. 유진은 완벽하지 않은 상황, 완벽하지 않은 기회가 주어졌을 때도 결코 'NO'라고 말하지 않았다. 그럴 때일수록 자기 자신을 끝까지 밀어붙이는 배짱을 발휘했다.

"그래, 자네가 그렇게 말할 줄 알았네. 스탭 부서에서 일할 때가 됐지. 마케팅 사업부를 흔히 스탭 부서라고들 하잖나. 그룹이 돌아가는 전체적인 맥락을 알기에는 그곳만한 자리가 없네. 곧 발령을 정식으로 내겠네."

정 상무가 흐뭇하게 유진을 바라봤다.

유진도 잘 알고 있었다. 마케팅 사업부는 그룹 임원이 되기 전 꼭 거쳐야 하는 필수 코스 중 하나였다. 정 상무는 유진에게 성장할 수 있는 기회를 주려는 것이다. 신입 시절부터 쌓은 신뢰가 없다면 불가능한 일이었다.

"그런데 상무님, 도와주실 것이 있습니다."

"언제 내가 도와주지 않은 적이 있나? 말해보게."

유진의 말에 정 상무가 흔쾌히 말했다. 처음엔 'YES'라고 말하고 그다음에 도움을 요청하는 것이 유진의 방식이다.

"업무 특성상 관련 지식을 쌓고 성과를 내기까지 시간이 좀 걸릴 것 같습니다. 전문 분야라서 당분간 팀원들의 의견을 듣고 조율하는 기간이 필요합니다."

"그런 거라면 얼마든지 기다려 주지. 신입사원 시절처럼 도망가지나 말아. 자네 사직서, 아직 내 서랍에 있다는 걸 명심하라구."

유진은 대답 대신 빙그레 웃어보였다.

그로부터 두 달 후, 유진이 요즘 매일 생각하는 것은 하나였다. '왜 내가 이 자리에 있을까? 나는 누구일까?'

불시착

공항에서 회사에 도착했을 때는 퇴근 시간이 가까웠다. 유진은 엘리베이터에서 내리자마자 걸음을 재촉했다.

사무실에 들어서자 자리에 있던 금 대리와 정 대리, 민 주임이 자리에서 일어나 가벼운 묵례를 했다. 다른 직원들은 외근 중인 모양이었다. 업무 특성상 광고대행사와 매체사를 방문하거나 현장 시찰, 모니터 회의 등 외부에서 진행하는 일들이 많았다. 유진도 간단한 묵례를 하고 곧바로 김 부장의 방으로 향했다.

김 부장은 컴퓨터 모니터를 보고 있었다. 은테 안경 너머 작은 눈이 잔뜩 일그러졌다. 실시간으로 뜨는 매출 동향을 파악하고 있거나 계열사의 주가를 확인하고 있는지도 모른다. 유진은 긴장했다.

"출장 다녀왔습니다."

유진이 들어서자 김 부장은 불편한 기색을 노골적으로 드러냈다.

"출장 간 것은 어떻게 됐나?"

김 부장이 입안에 든 사탕을 깨물며 물었다. 책상 위에는 초콜릿 바와 사탕 포장지가 흩어져 있다. 부하직원들의 간식거리를 아무렇지도 않게 집어가는 건 김 부장의 습관 중 하나다. 장난삼아 하는 거라고 둘러대긴 하지만 그 장난이 호감으로 연결되지 않는다는 걸 본인만 모르고 있는 거 같다.

유진은 간단하게 출장 보고를 했다. 중간중간 사내 메일로 보고를 했기 때문에 새로울 것도 없는 내용이었다.

"우리 사업부 일도 아닌데 그렇게 시간을 할애해도 된다고 생각하나? 지금 산적해 있는 문제가 이렇게 많은데! 자네 그렇게 할 일이 없나?"

김 부장 돌연 서류파일로 책상을 세게 내리쳤다.

유진은 어안이 벙벙했다. 이번 일은 유진이 독단으로 추진한 것이 아니다. 당연히 상사인 김 부장에게 먼저 보고했다. 엄밀히 말하자면 마케팅사업부의 일은 아니지만, 그룹 전체의 일이다. 그리고 마케팅 사업부의 업무 특성상 다른 사업부를 지원하는 일이 많다 보니 아예 관련이 없는 일이라 할 수도 없었다. 중국 현지에서 전화로 보고 했을 때 김 부장은 우리 사업부 일, 남의 사업부 일 가리지 말고 꼭 성과를 내고 오라고 독려까지 했다.

"부장님께서 직접 지시하신 내용이었습니다."

유진은 억울했다.

"내가 언제 이런 일을 지시했단 말인가, 응?"

유진은 자신의 업무 수첩을 꺼내 해당 내용이 적혀 있는 페이지를 펼쳤다. 이런 일이 한두 번이 아니다 보니 김 부장과의 회의 내용은 그 자리에서 메모하는 습관이 생겼다. 그렇지 않으면 일이 방향을 잃어버리고 종잡을 수 없게 되기 일쑤였다.

유진의 업무 수첩을 받아든 김 부장이 얼굴을 찌푸렸다.

"내가 서 팀장에게 지시한 것은 그런 뜻이 아니야! 엄연히 사업부의 각자 영역이 있단 말이오. 이건 엄밀히 말하자면 월권행위가 될 수도 있는 일이란 걸 왜 모릅니까!"

김 부장의 목소리가 높아지자 유진의 얼굴은 벌겋게 달아올랐다.

유진은 결국 이렇다 할 반박도, 변명도 하지 못하고 김 부장의 방에서 나왔다. 어떤 말을 해도 김 부장에겐 불쾌한 말대답일 뿐이었다. 유진에게 김 부장은 복잡한 미로와 다름없었다. 다가가려 하면 할수록 길은 복잡하게 꼬였다. 차근차근 자신의 생각을 납득시킬 수도 있을 텐데 왜 큰 소리로 상대를 제압하려고만 하는지 이해할 수 없었다. 이런 소모적인 파워게임은 질색이었다.

유진이 자리에 돌아와 앉자마자 금민섭 대리가 결재서류를 들고 왔다. 금 대리는 두꺼운 뿔테 안경을 연신 밀어 올렸다. 몸은 둔해 보이지만 생각은 민첩하다. 자기 일에 철저하고 리더십도 잘 발휘하는 편이지만, 전체를 보는 안목이 아직은 부족하다. 하지만 노골적인 조언은 금 대리에겐 좋지 않다. 자신이 상사에게 뭔가 밉보인 일이 있는 건 아닐까, 엉뚱하게 헛다리를 짚을 수도 있다. 그게 두 달 동안 유진이 금 대리에 대해 파악한 것이었다.

"출장 잘 다녀오셨습니까?"

금 대리가 결재파일을 내밀었다. 분명 사무실 전체에 김 부장의 호통 소리가 쩌렁쩌렁 울렸을 텐데 결재서류를 들고 온 것을 보면 급한 일인지도 모른다. 내키지 않았지만 유진은 결재파일을 펼쳤다.

"소프트웨어 진흥법에 관한 자료입니다. 대기업 참여제한 예외사업 리스트입니다. 장기 프로모션 계획을 세울 때 참고해야할 사항입니다. 팀장님 출장 가신 동안 위에서 지시가 내려왔습니다."

금 대리의 파일에는 유진에게 낯선 단어들로 가득했다.

"이건 무슨 뜻이지?"

유진은 서류를 검토하다 '송변전 SCADA 시스템'이라고 적힌 글자에 손가락을 갖다 댔다. 금 대리의 표정엔 변화가 없었다.

"개정된 소프트웨어 진흥법에 따라 직접 구축한 정보시스템에 한해 대기업이 유지보수를 담당하도록 한 유예기간이 곧 끝나게 됨에 따라… 송변전 SCADA 시스템 시설 및 보강 작업과 KJCCS 성능 개량 사업에 관해…."

금 대리의 대답 속에 모르는 단어들이 계속 튀어나왔다. 금 대리는 첫 질문을 받았을 때 유진에겐 생소한 분야라는 것을 이미 눈치챘을 것이다. 광고팀에서 잔뼈가 굵은 금 대리가 상사에게 보고하기 전 전문용어를 미리 조사하지 않았을 리 없다. 그런데도 자세히 설명하는 대신, 이미 유진이 내용을 안다는 전제하에 본인이 필요한 말만 했다. 의도적인 것이다.

"관련 부서 실무자와는 이야기해 봤나요?"

"아닙니다. 아직⋯."

유진의 질문에 금 대리는 말을 얼버무렸다. 업무를 공유하지 않으니 타부서와 협조하는 일에도 서툴다. 협의하기보다 자신의 영역에 몰두해 결론을 낸다.

"거기 두고 나가요."

더 묻다가는 불쾌한 표정이 그대로 드러날 것 같아서 유진은 입을 다물었다. 팀이 성과를 내기 위해서는 팀장 한 사람만 열심히 해서는 안 된다. 팀원 한 사람, 한 사람의 역량이 최대한으로 발휘돼 시너지 효과를 일으켜야 한다. 그건 유진이 가장 자신 있는 일이었다. 하지만 광고팀에 발령받고 나서부터는 모든 게 달라졌다.

유진은 출근해서 혼자 될 때가 많았다. 팀원들은 유진의 질문에 전후 설명 없이 단답형으로 대답했다. 대체 뭐가 문제일까. 팀원들이 문제일까? 유진 자신이 문제일까? 굳이 어느 쪽의 잘못이 큰 것인지 따진다면 팀장의 책임이 클 것이다. 팀과 하나 되지 못하는 팀장이라니, 스스로가 한심했다. 시간이 지나면 자연스럽게 해결되리라 생각했는데, 두 달이 지나도 같은 지점이다. 탈출구가 필요했다.

가면극

유진은 아파트 주차장에 차를 대려고 몇 바퀴를 돌았다. 지하 주차장은 꽉 찼다. 지상 주차장도 빈자리를 찾기 쉽지 않았다. 서울에서 살다 일산 아파트로 이사 온 건 작년이다. 지은 지 20년쯤 된 복도식 아파트다. 세대수보다 주차공간이 적은 편이라 퇴근길에는 늘 주차 전쟁을 치른다. 남편의 차와 유진의 차, 두 대를 주차하다 보니 한 달에 만 원씩 주차 부담금도 낸다. 그렇다고 한 대를 처분할 수도 없다. 남편은 강남으로, 유진은 광화문으로 매일 먼 길을 출퇴근하고 있기 때문이다. 유진의 가족이 일산으로 이사 온 것은 남편의 사업이 좀처럼 자리를 잡지 못하고 있기 때문이다. 남편이 다니던 광고 회사를 그만두고 작은 광고대행사를 시작한 것은 2년 전이다.

사업 초기에 자금이 많이 들어간다는 것은 알고 있었다. 당분간 생활비는 유진이 책임지기로 했다. 하지만 생활비가 전부가 아니었다. 크고 작은 위기가 닥칠 때마다 그동안 저축해 두었던 목돈과 대출금으로 메꿔야 했다. 급기야, 작년엔 살던 집을 처분해 회사를 부도 위기에서 구해야 했다. 회사를 그만 정리하는 것이 어떻겠냐고, 유진은 그때 처음으로 말했다. 남편은 이 고비만 넘기면 확실히 재기할 수 있다고, 전혀 다른 말을 했다. 유진은 더 이상 몰아붙이지 않았다. 남편이 회사를 그만둘 때도, 새로운 회사를 만들 때도 유진은 반대하지 않았다. 남편이 프러포즈했을 때, 그녀가 한 말은 'Yes' or 'No'가 아니었다.

"우리 서로에게 든든한 지원군이 되어 주자."

사회생활에서 얻는 성취감에 큰 의미를 두는 유진이었다. 남편은 그녀를 그 모습 그대로 사랑했다. 그는 망설이지 않고 '그렇게 하겠다'고 약속했다. 지금껏 그 약속은 잘 지켜지고 있다. 몇 번이나 남편의 회사를 위기에서 구하면서 유진은 그 약속을 기억했다. 남편이 스스로 일어설 때까지 유진이 든든한 지원군이 되어 줘야 했다. 남편이 그녀에게 그랬던 것처럼.

현관에서 신발을 벗자마자 시어머니가 나와 유진을 맞았다. 시어머니의 허리엔 앞치마가 둘리어 있었다. 아이들 먼저 저녁을 먹이고 설거지 중인 듯했다. 남편은 아직 퇴근 전이었다.

"출장 고됐지? 어서 와 밥 먹어라."

시어머니가 유진의 가방부터 받아들었다. 유진은 친정어머니를 대하듯 순순히 가방을 넘기며 시어머니를 살며시 껴안았다.

"어머니, 힘드셨죠?"

유진이 여태껏 직장 생활에 전념할 수 있었던 건 전적으로 시어머니의 조력이 있었기에 가능했다. 신혼 초만 해도 시어머니는 본가에서 홀로 살고 계셨다. 홀로 키운 아들을 분가시킨 뒤 해방감을 즐겼다. 유진과 남편 역시 직장생활과 결혼생활의 균형을 찾느라 바빴다. 하지만 아이를 낳고부터는 모든 게 달라졌다. 시어머니와 유진은 서로의 삶에 긴밀히 관여해 돕지 않으면 안 되는 상황에 놓였다. 병약한 친정어머니는 아버지와 단둘이 살고 계셨다. 육아를 도와줄 사람은 시어머니밖에 없었다. 하지만 시어머니는 아들 내외의 부탁을 거절했다. 자식들의 끼니를 걱정하는 일에서 이제 그만 놓여나 여생을 여유롭게 보내고 싶다고 했다. 부부에게는 세 가지 선택이 남았다. 남편이 아이를 돌보거나, 유진이 돌보거나, 입주 베이비시터를 구하거나. 그들의 선택은 입주 베이비시터를 구하는 것이었다. 어느 날 시어머니가 불시에 손자를 보러 방문했다. 베이비시터는 소파에서 낮잠을 자고 있었고 손자는 축축한 기저귀를 찬 채로 화장실 바닥에서 뒹굴고 있었다. 뒤늦게 깨어난 베이비시터는 분명 아이를 침대에 재웠다고 말했다. 베이비시터의 말은 거짓이 아니었다. 막 기기 시작한 아이가 침대에서 떨어져 한참을 울다가 스스로 화장실로 기어간 것뿐이었다. 시어머니는 고민 끝에 아들네 집으로 이사 왔다. 시어머니 도움으로 육아는 해결됐지만 또 다른 갈등이 시작됐다. 직장에 다니느라 도통 육아와 살림에 무지한 며느리를 시어머니는 몇 차례 호되게 나무랐다. 그때마다 유진과 남편은 시어머니를 설득했다.

"어머니, 저를 며느리 말구요, 아들이라고 생각해주시면 안 돼요?"

술 취한 유진이 무릎 꿇고 앉아 한참을 운 적도 있었다.

그러는 사이 아이들은 성장했고 시어머니의 손길이 예전처럼 많이 필요치 않게 됐다. 유진은 일주일에 두 번 도우미를 고용해 시어머니의 살림 부담을 줄였다. 이젠 시어머니는 대기업에서 일하는 며느리를 대견하게 생각한다. 그 모든 것은 시간이 한 일이었지만, 견뎌낸 것은 시어머니와 남편, 그리고 유진과 아이들이었다.

유진은 식탁 앞에 앉기 전 딸의 방으로 먼저 들어갔다.

시어머니는 여행 가방을 풀어 유진의 빨랫감을 색깔별로 분류하기 시작했다. 딸은 귀에 이어폰을 끼고 공부 중이었다.

"짜잔!"

유진은 선물 꾸러미를 딸의 눈앞에 불쑥 내밀었다. 출장 가기 전 부탁한 파우치였다. 파우치를 열어본 딸이 방긋 웃었다. 파우치 안에는 틴트와 핸드크림, 썬크림이 들어 있었다. 공항 면세점에 들러 산 것이었다. 요즘 아이들에겐 이정도 화장품은 필수라며 점원이 이것저것 샘플도 챙겨줬다.

"와! 고마워 엄마. 이거 다 필요했던 거야."

딸이 웃는 걸 보자 그제야 안심이 됐다. 유진은 조심스레 아들의 방문을 열었다. 아들도 책상 앞에서 헤드폰을 끼고 앉아있다. 손에는 스마트 폰이 들렸다. 카카오톡 대화중이다. 손가락은 신기에 가까울 정도로 빠르다.

"아들, 수학여행 잘 갔다 왔어? 부탁한 선물은 여기! 어쩌지? 엄마가 제때 패딩 조끼를 공수하지 못해서?"

"괜찮아요."

아들은 심드렁하게 대꾸했다. 제법 마음 넓은 척하지만 알고 보면 반쯤은 무관심이다. 녀석의 관심은 온통 여자 친구에게로 가 있다. 대답하는 동안에도 스마트폰에서 눈을 떼지 않았다. 유진은 조용히 방문을 닫고 나왔다.

비로소 방에 들어온 유진은 침대에 벌렁 드러누워 쓰고 있던 가면을 벗어 던졌다. 유진은 회사에선 완벽한 직장인의 가면을, 집에서는 아내와 엄마와 며느리의 가면을 쓴다. 직장 일과 집안일의 중간쯤에서 어정쩡하게 버티고 싶지 않아서 택한 방법이다. 연극영화과에서 배운 연기론이 실생활에서 쓰일 줄은 몰랐다. 너무 오래 그렇게 살았던 탓일까. 이젠 가면을 벗고도 가면을 쓰고 있는 기분일 때가 많았다. 문득 그 사실을 깨달을 때마다 쓸쓸하고 허전했다. 가면을 벗고도 온전한 나와 만날 수 있을지, 자신이 없어질 때가 많았다.

현관이 소란스럽다. 남편이 퇴근한 모양이다. 유진이 침대에서 벌떡 일어나 방문을 열었다. 이번엔 든든한 조력자의 가면을 쓰고서. 남편은 방 인에 들어와 넥타이부터 풀었다. 낯빛이 좋지 않았다. 회사에 안 좋은 일이 생긴 걸까.

"당신, 무슨 일 있어?"

유진이 걱정스럽게 물었다.

"클라이언트가 부도를 냈어."

부도. 유진은 부도란 말만 들어도 가슴이 철렁했다.

"어음 물린 것만 16억이야."

그다음 말은 듣지 않아도 알 수 있었다. 줄줄이 하청업체에 지급해야 할 대금이며, 만기일이며, 직원들 급여일까지…. 머릿속이 하얘졌다.

"걱정하지 마. 이번에도 어떡하든 넘겨야지. 김 사장 만나기로 했어."

김 사장이라면 사업자금을 댈 테니 신생 광고대행사를 차려보자고 남편에게 처음 제안했던 사람이다.

"김 사장이 자금을 더 지원해줄까?"

"글쎄. 일단 만나봐야지. 당장 현금 5억만 있으면 급한 불은 *끄*니까. 당신은 걱정 마. 이번 고비만 넘기면 괜찮을 거야."

　유진의 심장이 두방망이질을 했다. 예감이 좋지 않았다. 매캐한 연기처럼, 불안이 퍼져나갔다.

나만의 페이스

사직동엔 커피숍이 즐비하다. 대형 프랜차이즈 커피숍들과 작은 커피숍까지 이름난 맛집들 사이에 들어 서 있다. 유진은 주 대표와 사직단 근처에서 점심을 먹고 단골 커피숍에 들렀다. 신맛과 쓴맛이 제대로 살아있는 컬럼비아 원두커피를 맛보려고 자주 들르는 곳이다. 곳곳에 배치된 동물 목각 인형과 헝겊 인형, 색 바랜 책들과 벽에 걸린 손뜨개 작품들은 파이프가 드러난 천장, 콘크리트가 그대로 노출된 벽면과 어울려 현대적이면서도 앤틱한 분위기를 절묘하게 섞어냈다.

"서유진 팀장이 빠듯한 시간을 내서 일부러 우리 회사 앞까지 온 걸 보면 무슨 이유가 있을 거 같은데?" 주 대표가 커피 잔을 내려놓으며 말했다.

주 대표는 코칭 회사의 대표다. 주로 기업 인력의 재교육을 위탁받아 비즈니스, 리더십, 셀프코칭 등을 교육한다. 정 상무의 소개로 알게 됐다.

'다정한 아줌마같이 보여도 일할 때는 누구보다 냉철한 승부사야. 직장 생활하다 보면 어려운 일이 많을 거야. 사내에도 자네의 롤모델이 있겠지만, 밖에서 멘토를 찾는 것도 좋은 방법이지. 한 발짝 떨어져서 객관적인 시각에서 조언을 받을 수 있거든. 어려운 일이 있을 때마다 주 대표를 만나서 조언을 듣는 것도 좋을 거야.'

회사 일도 본질적으로 인간의 일이다. 비즈니스적인 조언도 필요하지만, 인간적인 조언이 필요할 때가 있는 법이다. 정 상무는 여성으로서 더욱 깊이 공감할 수 있는 멘토가 필요하다고 생각한 것이다.

주 대표의 첫인상은 정 상무의 말대로 푸근한 아줌마였다. 처음 만났던 장소도 호텔이나 커피숍이 아닌, 주꾸미 볶음을 파는 작고 허름한 맛집이었다.

"구두가 참 예쁘시네요."

첫 만남, 어색한 분위기를 푸느라 유진은 가벼운 화제를 꺼냈다.

"이거? 인터넷 쇼핑몰에서 5만 원에 건졌어요. 진짜 잘 샀죠? 어딘지 알려줄까요?"

예기치 않은 대답에 오히려 유진이 당황했다. 머잖아 환갑을 바라본다는 주 대표는 연장자임에도 불구하고 숟가락이며 물 컵이며 먼저 살뜰하게 챙겼다. 그 모습에 유진은 그만 마음의 벽을 허물고 말았다.

그 뒤로 어려운 일이 있을 때마다 주 대표를 찾아 마음의 짐을 덜곤 했다. 같은 사무실에 있어도 남자 직원들과는 쉽사리 공유할 수 없는 내밀한 고민을 주 대표에게는 왠지 쉽게 털어놓을 수 있었다.

"대표님, 마음에 맞는 상사를 만나는 건 하늘의 별 따기 겠죠?"

유진이 시무룩하게 말했다.

"에너자이저 우리 서 팀장이 오늘 무슨 일이 있는 게 틀림없네. 그게 무슨 소리야?"

주 대표는 유진에게 에너자이저라는 별명을 붙여 줬다. 유진이 나타나면 주변이 순식간에 그녀의 에너지에 감염되는 것 같다고 했다. 아이러니한 것은, 주 대표가 '에너자이저'로 유진을 부를 때는 활기차 있을 때 보다는 기운 빠져있을 때가 더 많다는 사실이다.

유진은 김진열부장과의 관계가 좋지 않다고 털어놨다. 어제 있었던 일 뿐 아니라 광고팀에 전출 와서 힘들었던 점을 허심탄회하게 털어놓았다. 주 대표는 묵묵히 듣고 있다 입을 열었다.

"늘 좋은 상사를 만날 수는 없어요. 특히 여성들이 남자 상사를 만났을 때는 가까이 다가가기 어려운 면이 있죠. 인간적으로 친밀한 교류를 맺는 것에 한계가 있어요. 그렇다고 외면할 수도, 피할 수도 없는 일이잖아요? 그럴 땐 상대에게 맞서려고도 하지 말고, 극복하려고도 하지 말아요. 나만의 페이스를 잃지 않는 게 중요해요."

내 페이스라…. 유진은 커피를 한 모금 마시고 잠시 생각에 잠겼다.

"제 페이스가 뭔지 모르겠어요. 지금은 제 페이스를 완전히 잃어버린 느낌이에요. 김 부장 얼굴만 보면 긴장이 돼서 더 이상 아이디어도 떠오르지 않고, 일상적인 보고를 하다가도 말이 막혀버리기 일쑤예요."

주 대표의 회색 눈동자가 조용히 유진을 응시했다.

"서 팀장, 김 부장의 페이스가 자신의 페이스와 맞지 않는다면 어떻게 해야 할까요? 그의 페이스에 맞추지 못하면 피하는 것만이 정답일까요? 다른 방법은 없을까요?"

다른 방법이라…. 유진은 커피 한 모금을 천천히 삼켰다.

"상대를 제 페이스로 끌어오는 방법도 있겠군요."

유진의 대답에 주 대표가 고개를 끄덕였다.

"맞아요. 서유진 팀장, 당신은 어떤 사람이에요? 당신의 장점은 뭐예요? 당신 자신에 대해 알아야 자신만의 페이스가 어떤 것인지 알 수 있지 않을까요?"

유진은 좀처럼 답을 찾을 수 없었다. 나는 어떤 사람일까? 무엇을 좋아하고, 무엇을 싫어할까? 껄끄러운 상대를 만났을 때 어떻게 극복하는 사람일까? 막다른 길에서 인생의 질문에 정면으로 맞닥뜨린 기분이었다. 그러잖아도 어젯밤 남편의 말 때문에 머릿속이 복잡했다. 유진은 주 대표의 질문에 집중하려 머리를 털어냈다. 하지만 답을 찾을 수 없는 건 마찬가지였다. 커피숍 문을 열고 나오자마자 은행잎이 우수수 떨어졌다.

"벌써 가을이네. 은행나무가 같은 자리에서 천 년을 버틴다잖아요. 이 노란 빛깔이 하루아침에 된 것이겠어요?"

주 대표가 유진의 어깨에 떨어진 은행잎을 하나 집어서 건넸다. 유진은 은행잎을 소중한 무엇인 양 건네받았다. 은행잎의 노란 빛에 온전히 시선을 준 것이 얼마 만이던가.

"좀 전에 던졌던 질문, 어렵게 생각하지 말아요. 내가 어떤 사람인지 아는 것은 '내가 앞으로 뭘 할까'를 아는 것이죠. 나의 강점과 나아갈 방향을 알고 그 다음에 내가 무엇을 위해 노력을 할지 알아가는 거예요. 답은 천천히 생각해봐요."

주 대표가 사무실을 향해 간 뒤에도 유진은 떨어지는 은행잎을 맞으며 한동안 그 자리에 서 있었다.

나는 누구일까

아버지는 외항선의 갑판장이었다. 1년이면 한 달, 혹은 두 달 동안 집에 머무는 게 전부였다. 아버지의 직업은 수출품을 싣고 먼바다를 빙빙 도는 것이었지만 어린 유진은 아버지가 먼바다에서 고래 같은 어마어마하게 커다란 물고기를 잡는다고 생각했다. 커다란 배에 짐을 가득 싣고 무료하게 바다를 떠다니다 가끔 조타기를 돌리는 아버지는 도무지 상상이 되질 않았다. 그보다는, 엄청나게 큰 상어고래와 파도 속에서 밤낮으로 싸우느라 항구에 배를 맬 시간이 없다고 생각하는 게 옳았다. 마땅히 그래야 했다. 1년 만에 온 아버지의 뺨에 볼을 비빌 때, 그 따끔한 수염이 그 증거였다. 빳빳하고 거친 수염은 사나운 비바람 속에서 자란 것이

어야 했다. 아버지의 낡은 모자에서 나던 비릿한 냄새는 고래 지느러미에서 묻어난 것이고, 무동을 태울 때 유진을 거뜬하게 들어 올리던 튼튼한 팔과 어깨는 수천 번 그물을 당길 때 단련된 것이어야 했다.

아버지가 바다에 머물 동안 유진은 어머니와 단둘이 지냈다. 골목을 누비며 잠시라도 집에 붙어 있지 않는 유진에 비하면 어머니는 응달을 좋아하는 식물 같은 사람이었다. 모르는 아이들은 식물은 모두 양달을 좋아하는 것으로 안다. 어머니가 키우는 식물은 '테이블 야자'나 '개운죽' 같은 것이었다. 햇볕에 내놓지 않고 집안에만 두어도 잘 자라는 것들. 어머니는 식물들과 온종일 집 안에서 살았다. 어렸을 적부터 몸이 약했던 어머니는 밖에 나가면 몇 걸음 걷지 않아 숨이 차다고 했다. 햇볕에 그을릴 틈이 없었던 피부는 노르스름했고 몸매는 가냘팠다.

밖에 꼭 나가야만 하는 일이 있을 땐 모두 유진이 대신했다. 동사무소에 가는 일도, 시장에 가는 일도, 한 달에 한 번

열리는 반상회에도 모두 유진이 대신 출석도장을 찍었다. 어머니는 학교에 찾아오는 법이 없었다. 유진은 반장을 도맡아 했지만 어머니는 학급이나 학교일에 관심이 없었다. 부반장의 어머니가 소풍, 운동회 같은 행사때 간식을 챙기거나 준비를 도와주시면 유진은 담임선생의 눈치를 봐야 했다. 유진은 담임이 묻지도 않았는데 어머니가 학교에 찾아오지 않는 이유를 지어냈다. 어머니가 병원에 입원해서, 친척이 사고를 당해서, 학교에 오려고 집에서 나오다가 갑자기 급한 일이 생각나서, 그래서 어머니는 학교에 못 오시는 거라고. 몇 차례 어설픈 변명을 들어주던 담임선생은 급기야 어린 게 거짓말 먼저 배웠다며 화를 냈다. 초등학교 2학년 때였다. 유진은 울지 않았다. 그날도 여느 때와 같이 방과 후에 아이들을 운동장에 모아 놓고 한참 달리기를 한 후에야 집으로 돌아왔다. 어머니는 거실에 떨어지는 햇볕을 피해 개운죽에 물을 주고 있었다.

　아버지는 집에 올 때마다 선물을 사왔다. 어릴 적엔 블록이나 자동차, 곰 인형이었다가 초등학교 고학년이 되자 전자 손목시계가 유진의 손목에 채워졌다. 숫자만 찍힌 전자 시계가 아니라 전자 시곗바늘이 숫자를 한 바퀴 도는 시계였다. 반 아이들 중에 그런 시계를 가진 건 유진뿐이었다.

"봐라, 아버지의 시곗바늘하고, 네 시곗바늘하고 같은 자리를 가리키고 있지? 바다에서 아버지의 시간이 가는 동안 우리 딸 시간도 똑같이 가는 거야. 신기하지?"

유진은 잘 때도 손목시계를 풀지 않았다. 아버지가 바다에 있을 때 아버지의 시간을 상상하는 게 좋았다.

아버지가 선물한 시계 덕분에 유진은 아주 어렸을 적부터 혼자 시계를 볼 줄 알았다. 아침에 혼자 일어나고 혼자 공부했다. 스스로 시계를 보고, 스스로 결정했다. 한참 세월이 지난 후에야 유진은 어렴풋이 깨달았다. 그때 아버지가 유진에게 선물한 것은 시계가 아니라 시간이었다는 걸.

유진은 대학 진학도 혼자서 결정했다. 연극영화과를 택한 건 다양한 삶을 살아보고 싶었기 때문이다. 삶에 대해,

인생에 대해 누구보다 많은 호기심을 갖고 있는 유진이기에 어쩌면 당연한 선택이기도 했다. 대학 등록금 역시 아르바이트를 해서 스스로 해결했다. 첫 번째 입학금과 중간에 다리를 다쳐서 아르바이트를 할 수 없었던 3학년 2학기에 아버지가 도와준 것만 빼곤 혼자 힘으로 대학을 졸업했다.

졸업 후 몇 군데 기업에 입사 원서를 넣었다. 서류전형에는 그럭저럭 통과했지만 면접에서는 여러 번 고배를 마셔야 했다. 결혼은 언제 할 것이냐, 결혼 후 아이는 낳을 생각이냐는 질문을 받았을 때는 어리둥절할 수밖에 없었다. 우문에는 우답을 해야 한다는 것을 자연스럽게 깨달았을 무렵, 유진은 S그룹 신입사원 공채에 합격했다.

첫 출근하는 날, 유진은 아버지에게 선물 받은 시계를 핸드백에 넣고 출근했다. 이제 유진의 손목에는 너무 작아졌지만 시간은 여전히 잘 맞았다. 유진의 시곗바늘은 사무실에서 빙글빙글 돌았다. 아버지가 거친 파도를 헤치던 그 순간에도 묵묵히 제 갈 길을 갔던 것처럼.

자신을 아는 리더

: 나 자신을 안다는 것

나는 나를 아는가. 친구를 알고, 동료를 알고, 그리고 이웃을 알고 난 뒤에야 들여다보게 되는 나 자신. 내게 나는 어제까지 축적된 경험이다. 나의 과거를 안다고 해서 고정된 나를 고스란히 지켜가자는 건 아니다. 내가 어느 상황에서 어떤 기준으로 판단하고 행동하는지 아는 것은 나침반처럼 목표를 향해 나아가는 데 도움이 된다. 그러나 나를 안다는 것이 확고한 자기인식으로 자리 잡으면 성장에 오히려 방해가 되기도 한다. 우리는 각자, 조화롭고 다양한 잠재력을 지니고 있다. 그 중에서 어제까지 사용해 본 몇 가지 능력만 꺼내어 사용하곤 한다. 익숙한 능력들만 꺼내들고 알기 어려운 내일을 향해 나서는 오늘이다. 익숙한 능력들은 나의 장점이기도 하지만 고착되면 나를 힘들게 한다. 한결같은 사람이 되고 싶은가. 할 줄 아는 게 한결같은 건 아니지 않은가. 마음을 챙기는 성향은 한결같지만 그 방식은 매 순간 업그레이드되어야 하지 않을까. 오늘, 자기인식에 강하게 도전해보자, 그것이 리더십이다.

제 2단계

공감하는
리더

신입사원 잔혹사

S그룹 신입사원 연수원은 경기도 양평에 위치해 있었다. 신입사원들은 한 달 동안 합숙하며 실무에 필요한 강의를 듣고 실습과 함께 극기 훈련을 했다. 연수원에 입소할 무렵엔 신록이 막 푸르게 자라나고 있었다. 주변을 둘러싼 산에는 연둣빛 잎사귀들이 찬란했다. 바람 부는 날이면 잎사귀들이 흔들리는 소리가 소낙비처럼 들렸다. 잎사귀마다 입이 있는 것처럼 소란스러웠다. 점심 식사 후 잠깐의 휴식 시간, 유진은 창가에서 나뭇잎끼리 몸을 부비는 소리를 들으며 잠시 쉬곤 했다. 그 소란스럽고 청량한 바람이 유진의 가슴속까지 불어오는 것 같았다.

짧은 휴식이 끝나면 신입사원들이 강의실로 모두 모였

다. 신입사원들은 40여 명, 그중 여직원은 8명에 불과했다. 창의적인 문제 해결, 신제품 개발 아이디어, 영업적 마인드 향상을 위한 비즈니스 과정 등, 연수 프로그램 전반에서 여직원들은 남자 직원들 못지않은 능력과 리더십을 보였다. 유진도 특유의 근성과 집중력으로 최선을 다했다. 하지만 산악자전거를 타고 산을 넘어오는 팀 과제를 수행한 날은 유진도 지칠 수밖에 없었다.

그날 밤, 유진은 겨우 샤워를 마친 후 침대에 벌렁 드러누웠다. 같은 방을 쓰는 다른 여직원 3명도 지친 얼굴로 침대에 누워 있거나 마주 앉아 수다를 떨었다.

"산악자전거가 다 뭐야, 나는 자전거도 못 타는데. 거의 자전거를 끌고 들다시피 하면서 겨우 산을 넘느라 정말 죽을 뻔 했어. 해병대 출신 남자 동기가 내 자전거까지 두 대를 한꺼번에 들고 산을 넘었어. 어찌나 미안했는지 몰라. 내 자신이 정말 무능한 것 같더라니까. 뒤에서 재촉하는 조교가 어찌나 밉던지."

여직원 한 명이 멍든 다리에 안티프라민을 바르며 말했다. 이주현이었다.

"우리 팀은 꼴찌를 했어. 다 내 탓이야. 내가 많이 뒤처졌는걸."

다른 동료가 말했다. 박진아였다.

연수 기간 한 달 내내 진아는 크고 작은 난관에 부딪힐 때마다 주로 자기 탓을 했다. 지방대 출신이란 것도 진아의 입을 통해 알았다. 지방대를 졸업했다는 것이 큰 비밀도, 더구나 잘못도 아닌데 진아는 부끄러운 듯 발개진 얼굴로 털어놓았다. 마치, 이렇게 모자란 나를 고백하지 않고는 못 견디겠다는 것처럼. 하지만 그건 진아만의 잣대일 뿐이다. 유진 역시 유명대를 졸업하지 못했다. 하지만 그게 무슨 대수란 말인가. 지금 이 순간엔 같은 출발선에 선 똑같은 신입사원일 뿐이다.

"태어나길 약골로 태어난 걸 어쩌겠어. 난 정말 어쩔 수 없나봐."

진아가 푸념했다.

'약골'이란 말이 유진의 귀에 날카롭게 꽂혔다. 약골로 태어나 평생 집안에 머물다시피 했던 어머니. 행여 어머니의 그림자에 갇힐까봐 한사코 밖으로 나돌았던 유년 시절, 담임선생에게 불시에 뺨을 얻어맞았던 일이 한꺼번에 떠올랐다. 유진의 볼은 그때처럼 시뻘겋게 달아올랐다.

"왜 열등감을 스스로 고백하면서 동정을 사는 거지? 지방대 콤플렉스가 자랑은 아니잖아."

자신도 모르게 싸늘한 말이 튀어나왔다.

진아의 얼굴이 벌겋게 달아올랐다. 예기치 못한 곳에서 된통 당한 진아는 금방이라도 울 것 같았다. 울먹울먹하는 그녀를 주현이 달랬다.

말이 입 밖으로 나오는 순간, 유진은 실수를 했다는 걸 깨달았다. 어린 시절의 콤플렉스는 이제 다 극복한 줄만 알았는데, 그걸 엉뚱한 곳에서 드러내다니. 연수 마지막 날 동료를 평가하는 순서가 있다. 유진은 분명 좋은 점수를 얻지 못할 것이다. 그동안의 노력을 물거품으로 만들어버렸다. 그 보다, 못난 콤플렉스 때문에 동료에게 상처를 줬다는 사실이 가슴 아팠다. 유진은 입술을 깨물었다. 스스로 너무 화가 났지만 이미 벌어진 일었다.

"이래서 여자들끼리 모여 수다 떠는 건 시간 낭비라니까."

자는 줄만 알았던 최강희였다. 강희는 남직원들과는 활달하게 잘 어울리지만 여직원들의 대화에 끼는 건 꺼려했다. 쇼핑이나 화장품, 패션에 대해 길게 이야기하는 것을 시시하게 생각했다.

"어머, 넌 하나는 알고 둘은 모르는 거야. 여자들끼리의 대화가 속 깊은 내용으로 들어가면 얼마나 진솔하고 통쾌한지 아니?"

주현이 톡 쏘아붙였다. 강희는 별다른 대꾸를 하지 않고 이불을 뒤집어썼다. 아무도 섣불리 입을 열지 못했다. 밤이 그대로 지났다. 다음 날 아침, 여느 때처럼 여직원들의 방에는 일찍 불이 켜졌다. 다들 씻고 화장하느라 바빴다. 진아는 일찌감치 준비를 끝내고 방을 나설 준비를 하고 있었다. 유진은 진아에게 다가가 사과했다.

"미안해. 넌 지방대 출신이 콤플렉스라고 생각하지만, 난 다른 곳에 콤플렉스가 있어. 어머니가 몸이 약한 탓에 어린 시절이 불행하다고 생각했거든. 내 콤플렉스 때문에 너에게 마음에도 없는 말을 했어."

"난 또 내가 말을 잘못 했나 싶어서 잠을 설쳤어."

다행히 진아는 유진의 사과를 받아줬다. 천성이 유하고 착한 사람 같았다.

"진아야. 이 말만은 꼭 해주고 싶었어. 지방대 출신이 치열한 경쟁을 뚫고 입사한 걸 보면 엄청난 능력이 있다는 반증이야. 자신감을 가져도 돼."

진아는 대답 대신 유진을 향해 배시시 웃어 보였다.

사직서를 던지다

연수가 끝나고 유진은 S그룹 계열사 중 백화점 부문 MD 부서에 발령받았다. 백화점에 입점하는 브랜드와 상품들을 선별하고 매출의 1차적 책임을 지는 곳이었다. 엘리베이터에서 내려 낯선 공간으로 홀로 걸어가야 했던 그 순간, 유진은 자신의 구두 소리마저 낯설었다.

팀장과 선배들과 인사를 나누고 자리를 배정받았지만 한동안 일은 주어지지 않았다. 신입사원에게 부서 분위기를 파악할 시간을 준 것이었지만 유진은 그저 막막하기만 했다. 아무것도 놓여있지 않은 책상이 너무나 넓게 보였다. 비로소, 험한 바다를 홀로 헤엄쳐 건너야 한다는 것을 실감했다. 아버지는 집으로 돌아오기까지 그 사나운 파도를 어떻게 이겨냈을까.

그 기간 유진에게 주어진 일은 다른 부서에서 서류를 찾아오거나 복사를 하고 전화를 받는 일이 전부였다. 한 달쯤 지난 뒤 드디어 회의 내용을 기록하는 일이 주어졌다. 똑같은 일이라도 더 잘하고 싶었다. 유진의 바로 위 선배인 김 대리가 문서 양식이 담긴 파일을 건넸다.

"이 양식에 맞춰 기록하면 돼."

유진은 김 대리가 넘겨준 양식 대신 새로운 양식을 만들었다. 더 간략하고 더 알아보기 쉽게, 공을 들여 작성했다.

정철주 팀장에게 첫 결재를 받으러 간 날, 유진은 호된 꾸중을 듣고 말았다. 정해진 양식을 따르라는 것이었다. 유진은 얼이 빠졌다. 무엇을 잘못 했는지 알 수 없었다.

김 대리가 조용히 유진을 불렀다.

"유진 씨, 많이 당황했지? 내가 넘긴 파일은 어떡하고 왜 새로 만들었어?"

"정해진 양식이 너무 답답해 보여서 개선하고자 했을 뿐이에요. 선배님, 제가 뭘 잘못한 건지 모르겠어요…."

"유진 씨, 회사에는 정해진 규율이 있어. 새로운 양식에는 새로운 양식이 적용될 만한 근거가 있어야 해. 단순히 답답해 보인다는 이유로 새 양식을 만들면 기존에 있던 양식들과 섞여 산만해지지 않겠어? 그러면 서류 분류 자체가 무의미해져."

"미처 그것까지는 생각하지 못했어요."

유진은 고개를 숙였다. 빨리 상사에게 인정받고 싶은 조급함이 문제였다.

"유진 씨, 회사 내에서 나를 돋보이게 행동해야 하는 것은 당연한 일이야. 하지만 내가 해야 하는 일과 목표를 파악하기도 전에 섣부르게 행동하면 역효과만 나게 돼. 학교와 직장은 달라. 학교에서는 나 혼자 열심히 해서 스펙을 쌓으면 되지만 직장에서는 나를 표현하는 방식에서 좀 더 신중할 필요가 있어."

김 대리의 따끔한 지적에 유진은 한층 더 긴장했다.

하지만 그 다음 날도 실수의 연속이었다. 사무실에서 쓰이는 낯선 용어들을 이해하지 못해 어리둥절하기 일쑤였고, MD 사업부 특유의 역동적이고 거친 분위기에 적응하느라 애를 먹었다. 새로운 업무를 배우고, 선배와 팀장의 지시에 따르는데 급급해 스스로가 어떤 모습으로 성장하고 있는지 고민할 틈이 없었다. 먼 바다로 나가기는커녕, 해변에 밀려온 작은 파도에 휩쓸려 정신을 차리지 못할 지경이었다.

입사 동기인 이주현과 박진아, 최강희도 헤매긴 마찬가지였다. 주현은 눈치껏 일찍 업무를 마치고 곧바로 퇴근하는 것 같았지만 진아와 강희, 유진은 야근을 밥 먹듯이 했다. 일이 서툰 만큼 열심히 하는 모습이라도 보여야 했다. 선배들이 그런 후배들의 모습에 좋은 점수를 주지 않는다는 건 우연히 알게 됐다.

"야근을 한다고 결과물이 항상 좋은 건 아니야. 자고 깨면 늘 책상 앞이니 오래전 학창시절 정보로만 버티는 중일 텐데, 발전 가능성을 스스로 닫고 있는 거나 마찬가지야. 좀 더 바깥세상을 경험할 필요가 있다고."

　김 대리가 유진에게 무심코 던진 말은 석 달 후 가장 안 좋은 방식으로 증명되고 말았다.

　어느 날, 유진은 정 팀장에게 호되게 꾸중을 들었다. 백 화점에 새로 입점한 브랜드 모니터 결과 보고서였다. 맡은 일을 잘하겠다는 욕심에 3일 내내 야근을 하면서 시간을 많 이 지연시킨 뒤였다.

　"서유진 씨, 모니터 결과 보고를 바탕으로 앞으로 개선점 을 연구하는 것이 더 중요한 일입니다. 결과 보고만 길게 이 어질 뿐 개선점에 대한 연구는 어디에도 없군요."

　며칠 밤을 샌 노력의 결과가 한순간에 휴지조각이 되는 순간이었다. 유진은 몇 마디 덧붙이다가 이내 입을 꾹 다물 어 버렸다. 변명처럼 느껴졌기 때문이다. 그러다 끝내 억지 로 누른 감정이 폭발하고 말았다. 스트레스가 쌓일 대로 쌓 인 상태에서 신경이 날카로워진 탓이었다. 노력을 알아주 지 않는 팀장이 원망스러웠다. 심지어, 이 일에 관한 한 스스로가 제일 많은 정보를 갖고 있다는 착각마저 들었다.

정 팀장은 눈물을 흘리는 유진을 빤히 올려다보기만 했다. 어색한 침묵에 팀 전체가 얼어붙었다. 더욱 운이 나빴던 것은, 이런 상황이 칸막이 너머로 사업부 전체에 생중계되고 있었다는 사실이다. 소문은 빨랐다. 그 일이 벌어진 지한 나절 만에 유진은 팀장에게 대든 신입 여직원이 되었고, 팀장은 신입사원 하나 못 다루는 무능한 상사가 되고 말았다.

며칠 뒤 유진은 주위의 시선을 견디다 못해 사직서를 쓰고 말았다. 시작부터 미운털이 박혀버린 신입사원의 앞날은 뻔해보였다. 공무원 시험을 준비하든가, 다른 기업에 입사지원서를 넣으면 될 것이라는 막연한 자신감도 있었다. 미운털이 박힌 이곳에서 악착같이 견딜 이유를 찾을 수 없었다.

정 팀장에게 사직서를 낸 날, 여자 동기 넷이 모였다. 같은 백화점 계열사에서 일하고 있는 강희는 물론이고 IT계열사에 발령 난 주현, 건설 계열사로 발령 난 진아도 달려왔다. 동기 중 첫 번째 사직서였다. 절반쯤은 위로를 건넸고, 절반쯤은 만류했다.

"너무 잘하려고 하니까 탈이 생긴 거야. 다른 데 취직하면 그것 좀 고쳐라. 그리고 그만한 일로 사직서를 쓰다니, 너 믿는 구석이 있는 모양이구나?"

주현이 화장을 고치며 말했다. 주현의 충고에도 유진은 맥주만 마셨다. 아무 소리도 들리지 않았다. 실은, 사직서를 낸 순간부터 후회하고 있었다. 주현의 말대로, 이만한 일에 사직서를 던지고만 자신에게 여간 실망한 게 아니었다. 자존심과 자만심으로 똘똘 뭉친 스스로가 미웠다. 하지만 이제 와 돌이킬 수도 없었다. 앞에 앉은 강희가 유진의 술잔이 빌 때마다 말없이 빈 잔을 채워줬다.

"다른 직장이라도 알아보고 사직서를 내든가 하지 그랬어…."

진아였다. 진아는 유진이 일 욕심 때문에 정작 자기 자신을 돌보지 않는 걸 안타까워했다. 진아 자신이 상사에게 인정받으려 아등바등하는 모습과 겹쳐 보였기 때문이리라.

유진은 꽤 많이 술을 마셨다. 술 취한 유진을 강희가 자신의 자취방으로 데려와 재웠다.

다음 날, 유진은 도마 소리에 잠을 깼다. 강희가 아침상을 차리고 있었다.

"어서 와. 계란탕 끓여 놨어. 어쩜 오늘따라 냉장고에 달랑 계란 세 개밖에 없지 뭐니?"

유진이 무거운 몸을 일으켜 식탁 앞에 앉았다.

"유진아, 왜 그날 팀장님께 그렇게 예민하게 반응한 거야?"

강희가 조심스럽게 물었다. 여자들끼리의 소소한 수다를 시간 낭비로 치부하던 강희였다. 하지만 어려운 일이 닥쳤을 때는 누구보다 먼저 손을 내밀었다. 다가가는 방식이 다른 사람과 달랐을 뿐, 강희는 누구보다 다정다감한 사람이었다. 강희의 따뜻한 말에 유진은 단단히 얼어붙었던 마음이 조금씩 풀어지는 것 같았다.

"다른 사람의 의견을 묻지 않았던 내 잘못이야. 내가 제일 열심히 하는 줄로만 안 거야."

언젠가 김 대리가 했던 말이 옳았다. 밖에 나가 생생한 대중의 니즈를 읽고, 그들과 함께 트렌드를 느껴보는 것, 그편이 훨씬 더 좋았을 것이다.

"유진아, 잘하려다 실수했다는 걸 너희 팀장님도 알고 계실 거야. 협력업체에서 안 좋은 일이 터지면 제일 먼저 정 팀장님을 찾는다는 말을 들은 적이 있어. 최대한 협력업체의 입장에서 이해해 주려 하시니까. 정 팀장님은 사내에서 공감의 신(神)으로 통한다는 거 알아? 이번에도 틀림없이 네가 후회하고 있다는 걸 잘 알고 계실 거야."

그 소문은 유진도 들었다. 비리 관계라고 악의적인 소문을 퍼뜨리는 사람들도 있다는 것도. 하지만 그렇지 않다는 건 팀원 모두 잘 알고 있었다. 그런 말을 하는 사람이 있으면 누구보다 먼저 가서 오해를 풀어주고 싶었다. 하지만 그런 게 다 무슨 소용일까. 이미 사직서를 던진 마당에. 유진은 고개를 숙이고 아무 말도 하지 않았다. 강희는 그런 유진의 속마음을 읽은 것 같았다.

"내 얘기가 길었지? 정 팀장님 매일 일찍 출근하시던데, 빨리 서둘러야겠다."

강희가 재촉했다.

마지못해 강희를 따라나서긴 했지만 출근하는 발걸음이 천근만근이었다. 신입사원이 당돌하게 사직서를 낼 때는 언제고 이제 와 뭐라고 한단 말인가? 강희는 유진의 발걸음이 느려질 때마다 등을 떠밀었다. 출근 시간 30분 전, 사무실엔 정 팀장과 유진뿐이었다. 함께 출근한 강희는 일부러 자리를 피해주었다.

"팀장님…."

유진이 고개를 숙이고 정 팀장 앞에 섰다. 도무지 고개를 들 수 없었다. 정 팀장은 말없이 서랍에서 봉투 하나를 꺼냈다. 어제 유진이 낸 사직서였다.

"서유진 씨가 다시 돌아왔으니 이건 없었던 일로 하겠습니다. 사직서를 낸 순간 아마 서유진 씨는 후회했을 겁니다. 다시 돌아올 용기가 있다면 다시 시작할 각오도 돼 있다는 걸로 받아들이겠습니다."

정 팀장은 연거푸 실수를 저지르다 결국 사직서를 던진 신입사원의 속마음을 훤히 꿰뚫고 있었다.

"이 사직서는 서유진 씨 인생 최초의 사직서가 되겠군요. 이건 제가 간직하고 있겠습니다. 직장 생활하다 보면 다시 사직서를 내고 싶은 순간이 여러 번 올 겁니다. 그때 저한테 와서 찾아가도록 해요. 나한테 먼저 허락을 받으라는 말입니다."

정 팀장은 유진의 사직서를 서랍 속에 집어넣은 뒤 읽고 있던 책으로 다시 시선을 돌렸다.

유진은 자신의 자리로 돌아왔다. 유진의 책상은 아직 그 자리 그대로 있었다. 다시는 떠나고 싶지 않았다. 그때 결심했다. 어떤 어려움이 있어도 반드시 이 자리에 뿌리를 내리고 말겠다고.

4가지 유형

"오늘 저녁 회식 있는 거 다 알고 계시죠? 신입사원 서유진 씨가 드디어 한 건 올린 걸 축하하는 자립니다. 업무 일찍 마무리 하시고 저녁 7시에 출발하도록 하겠습니다."

김 대리가 손나팔을 만들어 팀원들에게 돌아가며 말했다.

S그룹 전 계열사 직원들을 대상으로 한 아이디어 공모전에서 유진이 낸 신제품 개발 아이디어가 1등으로 당선된 날이었다. 그룹 차원의 공모전은 계열사들 사이에 경쟁심을 유발했다. 백화점 부문에서 1등이 나온 건 창사 이래 처음이라고 했다. 맞벌이 부부가 증가하는 추세에 맞춰 혼자 집에 있는 아이들의 두려움을 해소 시켜주자는 뜻에서 낸 아

이디어였다. 아이가 집에 혼자 있을 때 집에 낯선 사람이 찾아올 경우, 인터폰에 어른 목소리로 변조할 수 있는 프로그램을 장착하자는 것이었다. 우연히 얻은 아이디어가 아니었다. 유진은 휴일에 도서관에 가서 관련 자료도 찾아보고 주변을 유심히 관찰하기도 했다. 동기들 중 제일 먼저 사직서를 냈던 불명예를 씻어내려면 작은 성과라도 있어야 했다.

"서유진 사원, 오늘 포상금도 받았으니 한 턱 쏘는 거지?"

김 대리가 유진을 앞세워 제일 먼저 사무실을 빠져나갔다. 무슨 일이든 앞에 나서 주도하는 것을 좋아하는 김 대리는 회식자리에서는 없어서는 안 되는 사람이다. 회식 장소를 예약하고, 미리 참석 인원을 파악하고, 분위기를 파악해 2차나 3차로 옮기는 것도 모두 김 대리의 몫이다.

"네, 물론입니다."

유진이 흔쾌히 대답했다.

"장소는 어디야? 늘 가던 거기야? 오늘도 12시쯤 집에 가겠네."

전 대리다. 전 대리의 집은 흑석동이다. 출퇴근 시간이 1시간쯤 걸린다. 회사에서 너무 먼 곳으로 가거나 처음 가보는 곳에 가는 걸 꺼려한다. 언젠가 회식장소로 오장동 쭈꾸미 집을 가자고 했더니 정 대리가 난색을 표했다. 그래도 결국 같이 가긴 했다.

"자, 다들 업무 마무리 확실히 하고 퇴근하도록 해. 회식 다음 날 지각하지 말고 적당히 달리라고."

고 과장이다. 고 과장은 술자리에서도 흐트러짐이 없다. 고 과장에게 회식이란 1차가 전부다. 처음 유진이 회식 자리에 참석했을 때 아무도 고 과장에게 2차를 가자고 말하지 않는 게 너무 이상했다. 보다 못해 유진이 권했지만 고 과장은 뒤도 돌아보지 않고 택시를 잡아타고 사라졌다. 회식 다음 날, 고 과장에게 숙취란 찾아볼 수 없었다. 당연히, 지각하는 일도 없었다. 고 과장 때문에 아무도 회식 다음 날엔 지각할 엄두를 내지 못했다. 김 대리는 아예 회식 후엔 회사 근처 사우나에서 잠을 잤다.

1차는 늘 그렇듯이 회사 근처 단골 고깃집에서 시작했다. 2차로 맥줏집에 갔을 땐 모두 과하게 취해 있었다. 그날도 고 과장은 이미 집으로 돌아간 뒤였다.

정 팀장은 회식 자리에서만큼은 말석을 고집했다. 상석은 자연스럽게 김 대리 차지였다.

"자, 한 잔씩들 채우시고, S그룹의 스타로 떠오른 서유진 씨를 위하여!"

"위하여!"

김 대리의 선창에 모두들 잔을 들었다. 유진도 쑥스럽게 잔을 부딪쳤다.

"자, 자, 살살 시작하자고."

전 대리가 엄살을 부렸다.

"컵 두 개씩 놓기 없깁니다. 전 대리, 앞에 놓은 물 컵에 아까운 술 뱉기 없습니다."

김 대리가 선수를 쳤다.

"내가 언제 그랬다고 그래?"

늘 하던 작전을 들킨 전 대리가 머쓱한 표정으로 물 컵을 치웠다.

이 모든 것을 정 팀장은 마른안주를 집어 먹으며 묵묵히 지켜보고 있었다.

"그런데 김 대리님, 고 과장님은 왜 늘 1차만 하고 집에 가시는 거예요?"

유진이 옆에 앉은 김 대리에게 물었다. 음악 소리가 커서 바로 옆자리에 있어도 귀에 대고 말하지 않으면 잘 들리지 않았다.

"고 과장? 전형적인 '신중형'이라서 그래. 유진 씨도 알지? 신입사원 교육 때 그런 거 안 배웠어? 사람을 몇 가지 유형으로 나누는 거 말이야."

김 대리의 말을 들으니 어렴풋이 기억은 났다. 하지만 신경 써서 외울 정도로 마음에 담아 두진 않았다.

"'신중형'이요? 매사에 신중하단 뜻인가요? 고 과장님이 신중한 건 맞는 얘긴데요, 그게 회식 1차로 끝내고 가는 것과 무슨 상관이 있어요?"

"이런, 이런, 아직 유진 씨는 실전 응용력이 부족하구만. '신중형'의 특성은 분석적, 과업 지향적이잖아. 정확하지 않으면 못 견뎌 한다고. 고 과장님 결재서류에 계산 실수 있는 거 봤어?"

얼마 전 고 과장이 유진의 서류에 틀린 숫자를 집어내고 불같이 화를 내던 것이 기억났다.

"고 과장님은 회식 다음 날 지각하는 것이 싫은 거야. 시간이 흐트러지는 걸 특히 못 견뎌 하시지."

"아, 그렇구나. 그래서 아무도 2차를 가자고 권하지 않은 거군요."

"권해봐야 소용없으니까 그렇지. 이젠 그 정도쯤은 서로들 잘 파악하고 있는 거지. 자 이제 문제를 낼게 유진 씨가 맞춰봐. 전 대리는 무슨 유형일 거 같아?"

"전 대리님요? 전 대리님은 글쎄요…?"

유진이 갸우뚱 했다.

"전 대리는 전형적인 '안정형'이지. 물 컵에 술 뱉는 걸 보면 알잖아. 어쩌다 술 취하면 전날 실수를 했을까 봐 혼자서 스트레스를 엄청 받는다고. 늘 가던 단골집만 고집하는 것도 이유가 있어. 심리적 안정감을 갖는 걸 좋아하는 거지. 그래서 팀장님이 과업지향적인 고 과장님에게는 도전적인 과제를 주로 맡기고, 안정성을 중요시하는 전 대리에게는 늘 하는 일을 실수 없이 처리하는 일을 맡기시는 거야."

"팀장님이요?"

팀장님은 부하직원의 유형에 따라 업무를 다르게 맡기고 계셨구나. 그걸 김 대리는 눈치채고 있었구나. 팀장님도 팀장님이지만 김 대리도 대단하다는 생각이 들었다. 무슨 일이든 앞장서는 김 대리는 '주도형'이 분명하긴 하지만 상황을 파악하는 능력이 남달랐다. 그건 평소에 사람들을 주의 깊게 관찰하고 있다는 뜻이었다. 별다른 불만 없이 팀원들이 김 대리의 제안을 따르는 건 이유가 있었다.

"유진 씨는 자신이 무슨 유형인 줄 알고 있어?"

"글쎄요?"

"내가 볼 때 유진 씨는 '사교형'이야. 처음 하는 일에 두려움이 없고 늘 낙관적이지. 사람 좋아하고, 술 좋아하고. 맞지?"

"정말 그런 거 같은데요? 그런데 우리 팀장님은 무슨 유형이에요?"

팀장은 아까부터 전 대리와 긴 얘기를 나누고 있었다. 간간히 술잔을 부딪치며 호탕하게 웃었다.

"글쎄…, '안정형'은 틀림없이 아니고, '신중형'인가? 업무를 챙기실 때는 카리스마가 넘치시니 '주도형'인가? '사교형'인 것 같기도 하고. 유진 씨는 뭘 것 같아?"

김 대리가 팀장 쪽을 흘긋댔다.

"정 팀장님은 '팀장 형'이요. 팀장에 가장 적합한 유형 같아요. 차가운 것처럼 보여도 부하직원의 유형에 맞춰 일일이 대화하시고 그에 맞는 업무를 주시잖아요. 고 과장님한

테는 수치를 확인하며 대화하실 때가 많지만 저한테는 업무 중간 중간 챙기시는 편이거든요. 전 '사교형'이자 '덜렁이형'이니까요."

"그래, 맞다! 그런 뜻에서 우리 3차로 옮길까? 팀장님, 이제 3차로 옮길 때가 됐는데요?"

김 대리가 자리에서 일어나 팀장을 향해 큰 소리로 말했다.

"다들 취한 거 같은데, 이만 자리를 정리하지."

팀장이 만류하자 김 대리가 살짝 못마땅한 표정을 지으며 자리에 앉았다. 그리고 유진의 귀에 대고 작게 속삭였다.

"유진 씨, 팀장님은 아무래도 '귀가 형'인 거 같지 않아?"

돌아오는 전철 안에서 유진은 전 대리가 챙겨준 숙취 해소용 껌을 씹으며 창밖을 바라봤다. 창에 비친 자신의 모습을 바라보고 있자니 사람을 네 가지 유형으로 나누는 것에 대해 의구심이 생겼다. 유진은 사교형뿐 아니라 신중형, 안정형, 주도형을 자기 내면에 다 채워 넣고 싶었다. 정 팀장님처럼. 그러다 문득 깨달았다. 왜 유독 정 팀장을 어떤 유형으로 규정짓기 어려웠던가를. 그는 다른 사람을 잘 이해하려고 노력하는 사람이고, 타인의 리듬에 맞추기 위해 자신을 유연하게 변화시키고 있었다. '공감의 神'이란 별명이 괜히 생긴 것이 아니었다.

유진은 오랫동안 창에 비친 자신의 얼굴을 바라봤다. 앞으로 자신이 어떻게 달라지고, 어떤 모습으로 성장할 것인지 궁금했다. 알 수 없는 불안감과 감출 수 없는 기대가 번갈아 지났다. 열차는 한강을 건너고 있었다. 유진의 신입 시절도 빠른 속도로 지나고 있었다.

공감하는 리더
:누구와 함께 살아갈지 안다는 것

외롭다. 이 느낌은 순간적으로 다가오게 마련이다. 얼마나 오래 내게 머물 건지 묻지도 못하고 받아들인다. 내 삶에 긍정적인 작용을 하기도 하지만 대부분 나의 에너지를 앗아간다. 나 홀로 살아가는 사회가 아니라는 것을 알 때까지 나를 괴롭히기도 한다. 공감은 우리에게 공동체라는 울타리를 만들어준다. 공감 소통으로 내 생각을 전하고 그에 대해 격려와 지지를 받는 그 따스함을 기억하게 해준다. 내가 미처 해내지 못한 것을 조용히 도와주는 사람들을 주변에 둔다는 것과 같다고도 설명할 수 있다. 그러다보면 나도 그분을 위해 뭔가 해줄 것을 찾아낸다. 내 기억 속에 그의 스토리가 담기고, 그의 생활에도 내 흔적이 쌓인다. 공감은 함께 공유하는 가치를 통해 공동체를 키운다. 우리 모두가 함께 귀하게 여기는 것들이 무엇인지 서로 알고 그 가치를 함께 키워가는 시간이 늘어나는 것이다. 공감은 그렇게 외로움을 밀어내고 함께 살아가는 공동체를 우리에게 제공한다. 공감은 누구와 함께 살아가는지 매 순간 확인하게 해주는 근사한 그릇이다.

제 3단계

성장하는
리더

고정된 자아 관념

지난번 주 대표와 헤어진 이후 유진은 '나는 어떤 사람인가?', '나는 누구인가?'란 숙제에 골몰했다. 유진이 자신의 내면을 차분히 들여다보는 그 일주일 동안, 김 부장은 여전히 유진에게 돌발적으로 화를 냈고 금 대리와 다른 직원들도 유진과 일정한 거리를 유지했다. 전과 달라진 것이 있다면 유진이 그들의 행동에 일희일비하지 않았다는 것이다. 상대의 페이스에 휘말리지 말라는 주 대표의 충고를 따른 것이지만, 그 보다는 '나는 누구인가'란 물음에 답을 찾는 게 우선이라고 생각했기 때문이다. 그 답을 찾으면 이 난관을 헤치고 나올 수 있을 것 같았다.

금요일 오후, 유진은 다시 주 대표를 찾아갔다. 질문에 답을 할 때가 됐다고 생각했다. 주 대표는 자신의 집무실에서 유진을 기다리고 있었다. 손수 원두커피를 내려 유진 앞에 내놓았다. 회사에는 몇몇 직원들만 남아있을 뿐 조용했다. 커피를 한 모금 마신 후 유진이 입을 열었다.

"저는 결혼과 동시에 사회생활을 그만두는 사람이 되고 싶지 않았어요. 집안에만 있었던 어머니의 삶은 저에게 반대편의 삶을 꿈꾸게 했죠. 아버지가 바다에 나가계실 동안 저는 아버지가 지금쯤 어느 바다에 계실까, 줄곧 상상했어요. 태평양과 인도양, 지중해와 대서양, 하루에도 몇 번씩 아버지의 바다를 떠올렸죠. 성인이 된 후에도 저만의 바다에서 성난 파도와 싸우며 성장하고 싶었어요. 평사원에서부터 지금까지 끊임없이 멘토를 찾아 좋은 점은 본받으려고 했던 것도 그래서였구요. 광고팀에 발령받기 전만 해도 저는 주어진 업무에 충실했고 함께 일하는 팀원들에게도 신뢰받은 사람이었습니다. 지금도 그때와 변함없이 진심으로 상사와 동료, 부하직원들을 대하고 있습니다. 하지만 전에는 통했던 저의 방식이 이제 더 이상 통하지 않는 것 같습니다. 왜 그럴까요? 제가 변한 걸까요?"

유진은 간절하게 해답을 알고 싶었다. 나는 변한 것이 없는데 왜 지금까지의 방식이 통하지 않는 것일까? 왜 저들의 마음은 움직이지 않는 것일까?

"나를 안다는 것은 뭘까요? 내가 본래부터 갖고 있는 고유한 상태를 찾아내는 건 아닐 거예요. 사람은 변하는 환경과 새롭게 만나는 사람들과의 관계 속에서 성장하죠. 소위, 자아 관념이란 것은 다른 이들에게 배운 요소들을 활용해 나만의 스타일과 행동을 만들어내는 거라고 해야 하지 않을까요?"

주 대표의 말을 들으며 유진은 곰곰이 생각했다.

"고정된 자아 관념이 성장을 방해할 수도 있다는 말씀이시군요."

"맞아요. 유진 씨가 만난 사람들을 되짚어 볼까요? 회사 생활에서 가장 처음 만난 멘토는 어떤 사람이었죠?"

주 대표의 질문에 유진은 주저 없이 대답했다.

"정철주 상무님이에요. 제가 처음 회사에 입사했을 때 팀장님이셨어요. 새로운 프로젝트를 시작할 때면 늘 저를 제일 먼저 떠올려 주셨죠. 매사에 긍정적이고 결정의 순간을 미루지 않는다면서. 저의 그런 면을 좋아해 주셨죠."

"아, 그래서 정 상무님이 유진 씨를 신뢰했군요. 지금 김 부장도 유진 씨에게 기대하는 점이 그것일까요?"

유진은 뒤통수를 맞은 것 같았다. 김 부장은 유진이 중국 출장에서 다른 사업팀 일에 업무 시간을 할애한 것을 못마땅하게 생각했다. 자기 업무에 집중하지 않은 것으로 치부했다. 정상무였다면 전혀 다른 반응을 보였을 것이다. 틀림없이 유진의 적극적이고 신속한 결단력에 플러스 점수를 줬을 것이다.

"이제야 알겠어요. 저는 정 상무님에게 인정받은 방식 그대로 김 부장님을 대했던 거였어요. 사람이 달라졌으니 대하는 방식도 달라져야 한다는 걸 잊었던 거예요."

주 대표가 유진의 빈 잔에 다시 따뜻한 커피를 채워주었다.

"그럼 김 부장은 어떤 사람인지 알 차례군요. 유진 씨, 김 부장은 어떤 사람이에요?"

주 대표의 질문에 유진은 김 부장을 이제까지와는 다른 각도에서 바라봤다. 그러자 지금까지 보이지 않던 또 다른 면이 보였다.

"자신이 추구하는 일이면 앞뒤 가리지 않고 밀어붙이는 추진력이 있는 분이에요. 그 뒤에는 부하직원을 다루는 카리스마가 있죠. 김 부장님은 부하직원을 자기 사람으로 만드는 자신만의 방식을 쓰고 있는 거죠. 지금 부장의 자리까지 올랐다는 것은 그 방식이 성공적이었다는 방증일지도 몰라요."

"그렇군요. 상대를 알았으니 이젠 유진 씨가 달라질 차례예요. 자신만의 방식으로 상대를 감동하게 만들어 봐요. 인간은 누구나 외로운 존재예요. 작은 일에서부터 인간적으로 다가가면 김 부장도 틀림없이 감동하게 될 거예요. 다른 팀원들에게도 마찬가지예요. 그 사람의 입장에 서서 인간적으로 다가가 봐요."

인간은 누구나 외로운 존재라는 말에 유진은 깊이 공감했다. 유진 역시 살아오면서 그런 순간을 수없이 맞닥뜨렸다. 담임에게 뺨을 맞았을 때도, 두 달 된 첫째 아이를 베이비시터의 손에 맡기고 출근해야 했을 때도, 남편의 사업이 위기를 맞았을 때도 그랬다. 그때마다 사람만이 나눠줄 수 있는 온기가 절실했다.

"유진 씨에게 해주고 싶은 말이 한 가지 더 있어요. 리더가 기억되는 것은 그 사람이 한 일 때문이 아니라, 그 사람이 다른 사람을 위해 한 일 때문이다, 제가 가장 좋아하는 말이죠. 유진 씨에게도 도움이 됐으면 좋겠네요."

유진은 어느 때보다 가벼운 발걸음으로 주 대표의 사무실을 나섰다. 계단을 내려가며 주 대표의 말을 되새겼다.

'내가 다른 사람들을 위해 한 일이 무엇일까? 그들에게

불평만 하고 있었던 건 아닐까?'

　계단을 내려갈수록 유진은 스스로가 더욱더 낮아지기를 바랐다.

소통의 시작

　월요일이다. 팀원들이 각자 자신의 업무에 열중하는 모습을 유진은 물끄러미 바라봤다. 팀원은 유진을 제외하고 모두 다섯 명. 대리 3명, 주임 2명이다. 그들 모두 유진이 팀장으로 처음 발령받아 왔을 때 환영하지도, 거부하지도 않았다. 적극적으로 다가오는 팀원은 한 사람도 없었다. 유진이 먼저 다가가려해도 적당한 거리를 유지하려 할 뿐 마음을 열어주지 않았다. 유진은 팀원 한 사람, 한 사람을 오랫동안 바라봤다. 유독 두 사람이 눈에 들어왔다. 금민섭 대리와 민재연 주임이었다.

　금민섭 대리는 팀 내 고참이다. 다른 팀원들도 금 대리의 영향권에 있다고 보면 된다. 과장 승진 연차를 채우기까지 아직 1년 남아 있지만 그다지 낙관적인 전망을 할 순 없다. 그러기엔 다른 경쟁자를 따돌릴 뚜렷한 무기가 없다. 꼼꼼한 성격 탓에 큰 실수는 없지만 큰 실적도 없다.

금 대리 옆은 민재연 주임의 자리다. 민 주임은 금 대리와 한 조가 돼 업무를 보조할 때가 많다. 금 대리가 자료를 독점하고 혼자 일을 처리하려는 경향이 강하다 보니 민 주임은 좀처럼 일을 배울 기회가 없다. 자신이 여자라서 차별을 당하고 있다고 생각한다. 그 생각에 사로잡혀 스스로 의기소침해 지는 때가 많다. 금 대리가 슬그머니 자리에서 일어났다. 담배라도 피우려는 모양이다. 금 대리는 나른해지는 오후 4시쯤 옥상에 올라가 홀로 담배를 피우는 습관이 있다. 유진은 우선 금 대리와 이야기를 나눠보기로 했다.

유진이 옥상으로 올라왔을 때 금 대리는 막 담배 한 개비를 꺼내 라이터로 불을 붙이려던 참이었다. 유진을 보자 물었던 담배를 비벼 껐다.

"팀장님, 여기 무슨 일이십니까? 담배 안 피우시잖아요."

"왜요? 여긴 애연가들의 비밀 집회라도 열리는 곳인가요?"

유진의 말에 금 대리는 멋쩍게 웃었다.

"사무실 공기가 답답할 때 탁 트인 곳에 오면 머리가 맑아지는 것 같아서 종종 올라와요. 금 대리님 일전에 담배 끊겠다고 사무실에서 선언하시던데 또 피우시네요?"

한 달 전 쯤, 점심시간에 옆 부서 조 대리가 금 대리에게 담배 한 대 피우자고 했다가 머쓱해진 일이 있었다. 금 대리가 담배가 백해무익하며 다시는 담배의 유혹에 지지 않겠다는 선언을 한 것이다. 괜한 봉변을 당한 조 대리는 지금도 사석에서 금 대리를 만나면 이상한 놈이라고 면박을 준다고 들었다.

"아, 그때 일을 기억하고 계셨군요. 마누라가 여간 걱정이 아니라서요. 담배 끊으라는 잔소리."

금 대리가 먼 곳을 바라보며 말했다. 가족 얘기가 나오면 포근해지면서 동시에 먹먹해지는 게 가장의 마음이다.

"금 대리님, 일을 좀 줄여보시는 게 어떨까요?"

유진의 제안에 금 대리의 눈이 커졌다.

"예? 그게 무슨 뜻인지…?"

일을 줄이라는 말은 얼핏 들으면 업무 일선에서 물러나라는 소리로 들릴 수 있다. 30대 후반의 가장에게 청천벽력과도 같은 소리일 것이다.

"금 대리님 1년 뒤에 과장 진급 대상이시잖아요. 근무평가에서 좋은 평점을 얻으셔야 할 텐데 지금 같아서는 좀 어렵지 않나 싶어요."

금 대리가 깊은 한숨을 내쉬었다.

"팀장님 말씀이 맞습니다. 텔레비전과 신문 광고 쪽을 맡은 지가 5년이 됩니다. 매체 환경은 급속도로 변화되고 있습니다. 프로모션이 다변화되는 시기에 매체 개발이 시급하다고 생각합니다. 저만 제 자리에 안주하는 것 같다는 생각에 조바심이 들기도 합니다."

금 대리는 자신은 열심히 일하고 있지만, 겉으로 드러나지 않았을 뿐이라고 돌려서 말했다.

"전 광고 분야에 있어서만큼은 우리 회사에서 금 대리님만큼 해박한 지식과 경험을 쌓은 직원은 없다고 생각해요."

우선, 유진은 금 대리의 말에 공감을 표했다. 상대의 강점을 직접적으로 표현해주자 금 대리의 표정은 한결 밝아졌다.

"감사합니다. 팀장님. 하지만 뭔가 변화가 필요한 시점이라고 생각하고 있습니다."

금 대리의 말에 유진은 적극적으로 공감을 표시했다.

"제 생각도 그래요. 그럼 어떻게 효율적으로 업무 변화를 가져올 수 있을까, 생각해 두신 게 있나요? 금 대리님 자신이 가장 잘 알고 계실 것 같아요."

"그동안 맡아왔던 업무는 동료나 민 주임에게 이관하고 저는 업무 영역을 좀 더 다양하게 확장하고 싶습니다. 인터넷 광고에 좀 더 많은 예산을 투입하고 온라인과 오프라인을 연결해 적극적으로 프로모션을 펼쳐야 할 때라고 생각합니다. 소비자 취향에 맞춰 다양한 이벤트를 상시적으로 운영하는 것도 고려했으면 싶습니다."

금 대리의 제안은 유진이 깜짝 놀랄 정도로 구체적인 것이었다. 기회가 없었을 뿐, 평소 열심히 자신의 업무를 연구하고 있었다는 걸 알 수 있었다. 금 대리는 유진이 생각했던 것보다 한층 긍정적이고 적극적인 사람이었다. 대화를 해보기 전까지는 알 수 없었던 사실이었다.

"문서로 정리해서 저에게 정식으로 제안해 주셨으면 해요. 우리 머리를 맞대 봅시다. 올해는 금 대리님이 확실한 실적을 올리기 위해 저도 팀장으로서 도울 수 있는 건 다 돕겠어요."

"이렇게 팀장님이 저에게 관심을 가지고 계신지는 몰랐습니다. 사실, 그동안 광고팀을 거쳐 간 팀장님들은 일정 기간이 지나면 다른 부서로 전출 가시는 게 관례였거든요. 잠시 숨을 고르러 와서 시간을 벌다가 실적을 내기 좋은 다른 사업부로 가는 정거장쯤으로 생각하는 것 같았습니다. 제가

이 부서에 온 이후로 쭉 그래왔으니까요.“

금 대리가 그간 속에 담고 있었던 말을 털어놓았다.

그제야 유진은 알 것 같았다. 왜 팀원들이 처음부터 자신에게 거리를 뒀는지. 좀 더 일찍 마음을 터놓고 대화했더라면 진작 알 수 있었을 것이다.

"저 역시 시간이 지나면 다른 부서로 가게 되겠죠. 제가 원하든, 원하지 않든 회사가 저를 필요로 하는 곳으로 보내면 기꺼이 갈 생각입니다. 하지만 제가 다른 부서로 가는 날은 광고팀이 지금의 모습에서 한 걸음 더 발전된 모습이 되는 날입니다. 그러기 전에는 절대 다른 부서로 갈 생각이 없습니다. 팀원들과 제가 원하는 그런 팀이 완성됐을 때, 제가 아닌 다른 사람이 팀장을 맡아도 그런 모습을 유지하거나 더 발전시킬 수 있다는 확신이 들었을 때, 그때 저는 떠날 생각입니다."

유진이 힘주어 말했다. 금 대리도 신뢰에 찬 눈빛으로 유진의 결심에 힘을 보탰다.

밤 샘 피드백

"팀장님, 다음 분기 프로모션 계획입니다."

금 대리가 S그룹의 쇼핑타워 개점 광고에 관한 내용을 설명했다. S그룹 광고팀에서는 그룹 차원의 이미지 광고와 이벤트를 주로 진행하고, 계열사마다 광고팀을 두고 개별적으로 광고를 집행한다. 이번 광주에 개점하는 S쇼핑타워는 S그룹의 백화점과 할인점, 외식업체가 총 망라돼 입점하는 만큼 그룹 차원에서 광고를 집행하기로 했다. 최종 목표는 집객 효과를 극대화해서 주변부를 S타운으로 만드는 것이다. S그룹은 향후 3년 안에 1천억 매출을 올리는 것을 목표로 하고 있다. 반드시 성공해야만 한다. 가장 큰 경쟁상대는 P그룹이다. 1년 전, P그룹은 S쇼핑타워 입점 예정 부지에서

머지않은 곳에 쇼핑 스트리트를 만들었다. P그룹도 S쇼핑 타워의 오픈에 바짝 긴장하고 있을 것이다. 대대적인 광고 물량을 쏟아부을 것이 예상된다. 광고 대전으로 불릴 만큼 업계의 관심사가 집중됐다. 사안이 중대한 만큼 금 대리의 책임감도 남달랐다.

"단기 프로모션에 집중하는 것도 중요하지만 장기적인 캠페인을 준비하는 것도 필요할 것 같은데요."

유진의 말에 민 주임이 동의했다.

"저도 팀장님과 같은 생각이에요. 그래서 몇 가지 아이디어를 생각해 봤습니다."

민 주임의 제안은 아직 구체화되지 않아 말 그대로 아이디어일 뿐이었지만 참신한 데가 있었다.

"좋은 생각 같아요. 금 대리님 생각은 어떤가요? 이 아이디어에 보태거나 수정할 부분이 있을까요?"

유진의 말에 금 대리가 새로운 프로모션 계획을 제안했다. 산발적이고 연결성이 없었지만 충분히 구체화시킬 만한 가치가 있었다.

광고팀에 온 이후 이번 주처럼 회의실 분위기에 활기가 돈 적은 없었다. 전에도 유진은 팀원들의 보고를 듣고 비슷한 질문들을 했지만 돌아오는 대답은 공허한 메아리뿐이라는 생각이 들 때가 많았다. 하지만 오늘은 달랐다. 특히 금 대리의 태도가 몰라볼 만큼 달라졌다. 전에는 간단히 광고 집행 내용이나 계획을 보고하면 유진이 되묻는 식이었고 그나마 단답형이어서 전체적인 분위기가 냉랭했다. 달라진 금 대리는 단순히 자신의 할 일을 보고하는 선이 아니라 일의 내용과 추진 과정을 팀장은 물론 팀원들과 공유하려 노력했다. 보고 틈틈이 팀원들에게 의견을 묻기도 하고, 더 좋은 방법이 없는지 토론하려 했다. 팀 내 고참 급인 금 대리의 태도가 달라지니 다른 직원들에게도 알게 모르게 변화가 생겼다.

"회의에서 언급된 장기 캠페인 기획안은 다음 주 경영전략회의에서 보고할 수 있도록 금 대리와 민 주임이 준비해

주세요."

"다음은 대행사에서 보낸 S쇼핑타워 런칭 광고 시안입니다."

유진의 말이 끝나자마자 금 대리가 화이트보드에 광고 시안을 붙였다.

"더블류에서 제시한 시안인가요?"

S그룹은 광고 에이전시인 더블류와 10년 넘게 파트너십을 유지하고 있었다.

"네. 임원 프레젠테이션을 하기 전 미리 시안을 보내달라고 했습니다. 보통은 프레젠테이션하기 전에는 광고팀에게도 비밀로 부치는 게 더블류의 관례입니다만, 사전 점검 차원에서 시안을 미리 받았습니다."

'더블류'는 광고계에서는 전설로 꼽힌다. '류' 씨 남매가 창업한 광고 대행사로, 누나인 류해림 씨가 대표를 맡고 있다. 여성 CEO로서 사업을 추진하는 방식이나 속도 면에서 타의 추종을 불허한다. 소문으로는 거의 모든 국내 대학원의 최고 경영자 과정을 전부 이수하느라 한 학기 학비만 수천만 원에 달한다고 했다. 최고 경영자들과 인맥을 쌓기 위해서라고 했다. 대개 CEO들과 함께 골프를 함께 치거나 술자리를 가지면서 친목을 유지하는 것과는 달리, 함께 스터디를 하면서 인맥을 쌓는다는 것이 참신했다. 류 대표의 독특한 처세술이 업계에서는 화제로 떠오르기도 했다.

유진은 팀원들과 함께 더블류가 제시한 시안을 분석했다. 광주가 예술의 고장이라는 데 착안해 국보급 도자기를 쇼핑타워에 비유한 광고였다.

"여러분들 생각은 어때요?"

유진은 먼저 팀원들의 생각을 물었다.

"저는 솔직히 좀 너무 앞서간 것 아닌가 생각이 듭니다. 너무 어렵고 모호한 컨셉은 소비자를 움직이기 힘들지 않을까요?"

금 대리가 조심스럽게 의견을 말했다.

"저는 괜찮은 거 같은데요? 더블류가 원래 다이렉트한 스타일은 아니잖아요? 소소한 이야기로 감동을 이끌어내다가도 때론 과감하게 아카데믹한 접근을 하기도 하고요. 그런 독특함이 지금 더블류의 성장을 이끌었다고 생각합니다. S그룹도 더블류의 광고 전략에 기대 이미지 상승효과를 본 것이구요. 여기서 갑자기 다른 톤의 광고를 집행하면 전체 그룹 이미지와 동떨어질 수 있거든요. 오히려 위험하죠."

금 대리와 동기인 정 대리였다.

"저는 금 대리님과 비슷한 의견이에요. 소비자에게 어려우면 효과도 기대하기 어렵다고 생각해요. 오픈을 앞둔 광고인데 좀 더 직접적인 접근법도 괜찮다고 생각해요."

민 주임이었다. 다른 사람들의 의견들도 비슷했다. 금 대리와 정 대리의 의견에 동조하는 사람들이 반반이었다.

유진은 금 대리의 생각과 비슷했다. 하지만 프레젠테이션까지는 하루 남았다. 갑자기 컨셉을 수정하는 건 무리다. 시안을 제작하기에도 빠듯한 시간이다.

"저는 시안에 수정이 필요하다고 생각합니다. 이해하기

어려운 광고는 임팩트가 떨어질뿐더러, 소비자를 움직이는 건 불가능하다고 생각합니다. 더블류의 류 대표와 의논했으면 합니다."

토론 끝에 유진이 결정을 내리자 오히려 금 대리가 난감한 표정을 지었다. 아무리 광고주라지만, 광고대행사 대표를 갑자기 호출하는 건 쉬운 일이 아니다.

"류 대표 지금 외출 중이라는 데요."

통화하던 금 대리가 수화기를 한 손으로 가리면서 말했다.

"언제 돌아온답니까?"

"한두 시간쯤 후에요."

"지금 그쪽으로 간다고 하세요. 시간을 절약해야 하니 우리가 먼저 가서 기다립시다."

유진의 말이 떨어지자마자 금 대리와 민 주임이 서둘러 따라나섰다.

"팀장님, 이렇게 추진력 있으신 분이었나?"

민 주임이 금 대리에게 눈짓으로 말했다. 금 대리가 눈을 찡긋했다. 이미 알고 있다는 듯이.

30분 만에 더블류에 도착했다. 담당인 조 차장이 나와 기다리고 있었다.

"팀장님, 갑자기 오신다고 해서 대표님 스케줄을 미리 조절 못 했습니다."

조 차장은 유진 일행을 회의실로 안내했다. 갑작스런 광고주의 방문에 당황한 것처럼 보였다.

"시안을 수정해야겠어요."

유진이 조 차장에게 단도직입적으로 말했다.

"팀장님, 시안을 제작하는 데는 물리적인 시간이 듭니다. 때로 별도 촬영이 필요할 때도 있구요. 지금 상태로는 시간이 너무 촉박합니다. 내일 오전 임원 프레젠테이션이 예정돼있습니다."

조 차장이 난색을 표했다. 제작 시간이 부족하다고 표면상으로 둘러대지만 실은 거절이나 마찬가지다. 더블류는 크리에이티브에 대한 자부심으로 유명하다. 자체 마케터와 디자이너, 카피라이터의 동의 없이, 광고주의 요구만으로 쉽게 시안을 수정하지 않는다. 차라리 광고 대행을 포기하는 쪽을 택한다. 그런 자신감이 지금의 더블류를 만들었는지도 모른다. 최고경영자도 아닌, 광고팀 팀장의 수정 요구에 순순히 응해줄 리가 없다.

"조 차장님, 물리적인 시간이 얼마나 필요한지 사실 저는 잘 알지 못합니다. 하지만 저희의 목표는 하나입니다. S그룹의 쇼핑타워 오픈을 알리는 겁니다. 제시하신 시안은 품격이 느껴지기는 하지만 광고의 목적을 달성하는 데는 문제가 있습니다. 오픈을 알리는 고지 내용은 맨 아래쪽에 한 줄 카피가 전부입니다. 메인 카피가 있긴 하지만 '광주의 품에 S쇼핑타워의 품격이 더해집니다'란 한 줄로는 임팩트가 전혀 느껴지지 않아요. 비주얼로 압도하지 않으면 안 됩니다."

경쟁사인 P그룹의 광고는 연초부터 'POWER'를 컨셉으로 파상공세를 퍼붓고 있었다. 강력한 힘이 느껴지는 비주얼로 압도하고 있다. 시장을 방어해야 하는 입장인 P그룹이 얼마나 자극적인 내용을 들고 나올지 알 수 없는 상황이다. 품격만 앞세우는 건 무리라는 게 유진의 판단이었다.

"팀장님, 저희가 준비한 프레젠테이션을 들어보시고 결정하시죠."

조 차장은 차분히 컨셉을 설명하기 시작했다. S쇼핑타워는 'P스트리트'의 'POWER' 컨셉과 차별화는 것이 1차 목표라고 했다. 'P스트리트'는 고객의 동선이 스트리트 개념으로 돌아다니게 되어 있고, 길거리 패션이라는 이미지가 강하다. 그에 비해 S쇼핑타워에는 명품관이 입점해 있고, 할인점 이미지 역시 싸다는 이미지보다 실용적이고 독특하다는 이미지가 강하다. 예향 광주의 이미지와 S쇼핑타워의 품격을 결합해 '광주의 넘버원 쇼핑타워'라는 포지션을 가져가겠다는 것이었다. 조 차장의 설명에도 유진은 좀처럼 동의할 수 없었다. 마케팅 전략에 표현 전략이 효과적으로 녹아들지 않았다는 인상이었다. 그 사이, 외출했던 류 대표가 회의실로 들어왔다.

"팀장님, 오랜만에 뵙습니다. 밖에서 내용은 미리 들었습니다. 시안은 수정하겠습니다. 팀장님의 지적 사항에 충분히 일리가 있다고 생각합니다. 따로 생각해두신 대안이 있으시면 말씀해주시겠습니까?"

류 대표의 말은 뜻밖이었다. 조 차장도 당황한 듯했다. 류 대표가 열린 태도로 받아주자 유진은 더블류에 더욱 신뢰가 갔다.

"도자기가 고급스럽다는 인상 보다는 참신하지 않다는 느낌을 줍니다. 박물관에 전시된 것 같기도 하고. 유행의 최첨단을 걸어야 하는 쇼핑타워의 이미지와는 맞지 않습니다. 도자기의 한쪽 면을 시원하게 깨뜨리는 건 어떨까요?"

유진의 제안에 같이 온 금 대리와 민 주임이 깜짝 놀랐다. 깨진 도자기라니, 자칫 S그룹의 이미지에 타격을 줄 수 있을 정도의 파격적인 비주얼이었다.

"깨진 도자기라…."

류 대표가 신중하게 시안을 바라봤다. 베테랑의 눈빛이었다.

"깨졌다고 해서 모두 파괴적인 이미지만 떠올리는 것도 편견일 수 있습니다. 밀레의 비너스도 팔 다리가 모두 없지만 오히려 상상력을 자극하죠. 미완의 아름다움 말입니다. 전 더블류의 전문가들을 믿습니다. 고급스럽고 창의적으로 표현해 주셨으면 합니다."

유진이 차분하게 덧붙였다.

"좋습니다. 해보겠습니다. 대신, 저희가 이미 제시한 시안과 이번 수정 시안, 둘 다 임원진 앞에서 발표하는 건 어떨까요?"

류 대표는 상대의 의견을 묵살하지 않으면서 자신의 의견을 뒤로 물리지도 않았다.

"좋습니다. 그렇게 하시죠."

유진이 동의했다.

"저는 사무실로 돌아가 시안을 기다리겠습니다."

"시간이 늦었습니다. 퇴근하셔서 이메일로 받아 보시는 게 어떨까요?"

조 차장이었다. 밤샘 작업이 될 것 같은데 광고주가 사무실에 기다리고 있다고 생각하면 초조할 것이다. 광고주도 광고주지만, 기획자와 디자이너, 카피라이터 모두 신경이 예민해져 작업에 방해가 될 것을 염려하는 것이다.

"아니에요. 모두 애쓰시는데 저도 사무실에서 대기하면서 바로 피드백 해드리겠습니다."

유진은 더블류를 나와 금 대리, 민 주임과 함께 곧바로 저녁을 먹으러 근처 설렁탕 집으로 향했다. 밤새 대행사와 의견을 조율하며 비주얼과 카피를 수도 없이 수정해야 할 것이다.

"팀장님, 조 차장 말대로 시간이 부족해 걱정입니다."

금 대리가 조심스럽게 말했다.

"그래도 해보는 데까지는 해봐야죠."

유진은 막 식탁 위에 놓인 펄펄 끓는 설렁탕에 숟가락을

집어넣었다. 민 주임도 밤샘 작업을 각오한 듯 밥 한 그릇을
몽땅 설렁탕에 푹푹 말았다.

성공과 실패의 프레임

다음 날, 프레젠테이션은 오전 10시에 열렸다. 회장과 주요 임원진들이 모두 참석한 가운데 시안이 공개됐다. 김 부장은 유진의 곁에 앉아 프림과 설탕이 잔뜩 들어간 커피를 회의가 시작하기도 전 두 잔이나 비웠다. 김 부장에게는 예산과 광고 컨셉, 진행과정 등에 관해 미리 보고한 상태였다. 시안 수정에 관한 이야기까지 자세히 말하진 않았다. 돌발적인 상황이었고 김 부장은 어제 출장 중이었다.

프레젠테이션은 류 대표가 직접 나섰다. 시장과 타겟 분석, 컨셉 추출 과정을 차례로 거친 다음 시안이 제시됐다.

"귀사의 광고팀과 의견조율과정을 거쳐 최종적으로 두 가지 시안을 제시하기로 했습니다."

프로젝터에 A안과 B안, 두 가지 시안이 떠올랐다. A안은 애초에 '더블류'가 제시한 광고 시안이었다. 고려청자 사진이 가운데 반듯하게 있고 S쇼핑타워의 라인이 청자를 감싸고 있었다. S쇼핑타워는 건축 당시부터 고려청자의 유려한 라인에서 영감을 얻어 디자인됐다. 빌딩 숲 사이에서 랜드마크로서 손색이 없었다. 고려청자를 절묘하게 품은 S쇼핑타워의 라인은 '품격'이라는 컨셉을 정확하게 전달하고 있었다. 비주얼 한가운데로 헤드라인이 과감하게 긋고 지나갔다.

'광주 S쇼핑타워 오픈' 어제 봤던 카피가 아니었다. 멋부리지 않고 직접적으로 간결하게 메시지를 전달했다. 카피만 바꿨을 뿐인데 오픈을 알리는 메시지가 확실히 전달됐다. 비주얼은 고급스럽게, 카피는 직설적으로 전달하는 방식을 택한 것이다. 과연 류 대표다.

B안은 유진이 제시한 아이디어였다. 어제 새벽 5시에 금대리가 회의실로 마지막 시안을 가져왔다. 더블류에서 수

정 시안을 네 번째 보낸 것이다. 밤새도록 수정에 수정을 거듭한 시안이었다. 상감문양으로 학이 새겨진 도자기가 깨져 있고 그 안에서 학이 날아오르는 시안이다. 아이디어 자체는 참신했지만 표현이 매끄럽지 않았다. 깨진 도자기는 신비롭게 보이지 않았고 날아오르는 학 또한 생기가 느껴지지 않았다. 밤새 유진은 수정을 거듭 요청했지만 좀처럼 만족할 만 한 비주얼이 나오지 않았다. 결국, 마지막에는 디자이너의 손에 맡겨둘 수밖에 없었다.

류 대표의 손에 들려진 시안은 어제 새벽과 크게 달라진 게 없었다. 그럼에도 류 대표는 최선을 다해 시안의 컨셉을 전달하려 했다. 카피는 A안과 같았다.

"실제 집행될 광고는 컴퓨터 그래픽을 통해 많은 부분 보완이 될 겁니다. 깨진 조각들은 신비로운 빛을 더 할 것이고 학은 일일이 깃털을 붙여 좀 더 생생히 표현될 것입니다." 류 대표의 설명이 이어졌다.

"아이디어는 좋지만 왠지 컨셉이 뭔가 더 어려워진 느낌이군요. 깨진 도자기 안에서 학이 나오는데, 그 학이 뭘 뜻하는 겁니까?"

백화점 계열사 사장이 미간을 찌푸리며 말했다.

"제 생각도 비슷합니다. 할인점은 백화점보다 볼륨 면에서 압도적인데, 저 학은 할인점과 백화점 모두를 상징하는 겁니까? 저는 솔직히 회의적입니다."

할인점 계열사 사장이었다. 다른 임원진의 의견도 비슷했다.

유진은 자리에 앉아 임원들의 의견을 들었다. 객관적으로 A안과 B안을 비교해 보니 확실히 알 수 있었다. A안은 품격과, 스케일, 쇼핑 타워의 라인, 카피까지 더해져 광고의 목표를 착실히 전달하고 있었다. B안은 아이디어가 돋보였지만 오히려 복잡해서 조악한 인상을 주었다. 더블류 디자인팀의 한계라고 치부하기엔 무리가 있었다. 회의가 끝나고 류 대표가 유진을 찾아왔다.

"팀장님, 덕분에 프레젠테이션이 잘 마무리됐습니다."

"아닙니다. 더블류의 실력이 대단한 거죠."

유진은 인정할 수밖에 없었다. 경험을 수반하지 않은 섣부른 추진력은 혼란만 가져온다는 것을. 광고팀에 온 지 불과 몇 개월, 유진은 경험 면에서 류 대표에 비할 바가 아니었다.

"팀장님, 저는 노련함으로 일을 했지만, 팀장님은 열정으로 광고를 만드셨어요. 팀장님의 문제 제기가 아니었다면 카피를 수정하려는 생각은 하지도 못했을 겁니다. 어제 다른 팀원들과 함께 저도 밤을 새워 시안을 수정했습니다. 팀장님이 아니었다면 더 좋은 광고가 나오지 못했을 겁니다. A안이 채택되긴 했지만 더블류가 이긴 것도, 광고팀이 틀린 것도 아니라는 것, 이미 알고 계시리라 믿습니다."

류 대표는 자신의 팀원들은 최선을 다했으며 유진의 조언이 큰 역할을 했다는 것을 진지한 태도로 전달했다. 넘치지 않는 품위와 상대를 위한 배려, 류 대표는 머리부터 발끝까지 사업가였다. 하지만 사업가이기 전에 좋은 사람이란 인상을 줬다.

"물론입니다. 더블류와 함께 최선을 다해 좋은 결실을 찾아가는 과정이었다고 생각합니다."

유진이 미소로 답했다. 신입시절 상사의 사소한 지적에도 자존심 때문에 사직서를 던졌지만, 이젠 예전의 유진이 아니었다.

"짧은 기간 뵈었지만, 서 팀장님은 훌륭한 리더인 것 같습니다. 좋은 리더는 실패와 성공의 프레임에 갇히지 않죠."

류 대표의 눈빛에는 진심이 담겨 있었다.

"광고 집행 끝까지 차질 없이 진행해주세요."

유진은 손을 내밀었다. 류대표가 유진의 손을 맞잡았다.

"물론입니다."

유진은 류 대표를 사무실 밖까지 배웅했다.

민낯을 드러내다

퇴근길, 자유로는 여느 때처럼 막혔다. 브레이크와 엑셀을 번갈아 밟으며 유진은 오늘 있었던 프레젠테이션의 내용을 곱씹었다. 결과적으로 류 대표의 생각이 옳았다. 최선을 다한 뒤 씁쓸한 기분이 되어야 한다는 게 영 개운치 않았다. 하지만 모든 것이 쓸데없는 일이었다고는 생각하고 싶지 않았다. 분명 그 과정에서 배운 게 있었다. 밀어붙이기 전에 유연하게 한 번 더 생각해 봤더라면 좋았을 것이다. 상황을 현실적으로 고려했더라면 더 좋은 결과가 만들어지지 않았을까? 이런저런 생각에 빠져있는데 휴대전화가 요란하게 울렸다. 유진은 이어폰으로 전화를 받았다.

"아이고, 에미야 어떡하니?"

시어머니였다.

"왜요, 어머니?"

"집으로, 채권자들이, 닥쳤다."

시어머니의 목소리가 덜덜 떨리고 있었다. 경황이 없는지 허둥지둥하는 게 선명하게 느껴졌다.

"뭐라구요?"

운전대를 잡은 유진의 손도 덜덜 떨렸다. 남편이 기어코 일을 낸 모양이다. 회사 사정이 어렵다는 것을 알고 있었다. 요즘 부쩍 술을 많이 마시고 들어와서 걱정하던 참이었다. 무슨 말이든 해보라고 해도 속엣 말을 좀처럼 털어놓지 못하고 끙끙 앓을 뿐이었다. 결국, 이런 일이 일어나고 말았다. 유진은 급히 갓길에 차를 주차했다.

"어머니, 애들은 어떡하고 있어요?"

"아직 학원에서 돌아오지 않았다."

다행이다. 아이들은 밤 10시가 넘어서야 학원에서 돌아올 것이다. 그 전에 상황을 정리해야 했다. 한창 사춘기 아이들이 나쁜 소식을 가장 나쁜 방법으로 접하게 둘 순 없었다. 그것만은 막아야 했다.

"어머니, 그 사람들 절대 집 안에 들여놓으시면 안 돼요. 집에 들어오면 가택침입이라고 분명히 말해 두세요. 저 지금 가니까 30분만요. 그때까지만 그대로 계세요."

"알았다. 가슴이 덜덜 떨려서 도무지…. 아범은 전화도 받지 않고…."

유진은 시어머니와 통화를 마친 후 남편에게 전화를 걸었다. 시어머니 말대로 남편은 전화를 받지 않았다. 세 번이나 연거푸 했지만 끝내 받지 않았다.

"제발, 받아…. 무슨 상황인지 설명이라도 좀 해봐…."

유진은 스마트폰 연락처를 검색해 남편의 부하 직원에게 전화를 걸었다. 사업을 시작하기 전, 남편과 같은 부서에서 일했던 후배였다. 집에도 몇 번인가 부부동반으로 초대해 저녁 식사를 한 적도 있었다.

"사장님은 지금 피해 계십니다. 죄송합니다, 형수님. 결국 어음을 막지 못했습니다."

지난번에 자금줄을 쥔 사람을 만나서 부탁해보겠다는 얘기를 들은 것 같았다. 현금 5억만 있으면 해결된다고 했었다. 5억이면 일부라도 유진이 마련해 볼 수 있었을 것이다. 그런데 왜 솔직하게 털어놓지 않았을까.

"5억은 시작에 불과했어요. 그 뒤로 줄줄이 터지기 시작했습니다. 사장님도 감당이 안 되신 것 같습니다. 마지막까지 사모님을 연대보증에서 빼느라고 많이 버티셨어요. 저는 사무실을 정리해서 최대한 부채를 정리하고 기업 파산 절차를 밟을 예정입니다. 이런 말씀 드리게 돼서 뭐라고 해야 할지…."

브레이크를 밟은 발에 순간적으로 힘이 빠졌다. 몸이 허공으로 둥둥 떠오르는 것 같았다. 지상에 스스로를 처박듯 유진은 핸들에 머리를 박았다. 클랙슨 소리가 터져 나왔다. 그녀는 고개를 번쩍 들었다. 언제까지 이대로 있을 순 없다. 부도, 남편의 잠적, 기업 파산, 그런 이야기들보다 우선 1시

간 후가 더 문제였다. 놀란 시어머니를 진정시키고 아이들
이 집으로 돌아오기 전 채권자들을 돌려보내야 한다.

"1시간 후에 저희 집 근처 경찰서로 자문 변호사님을 보
내주세요."

유진은 후배와 전화를 끊고 그 어느 때보다 냉철해진 정
신으로 운전대를 잡았다. 지금 이 상황을 정리할 사람은 유
진뿐이었다.

집 앞에는 채권자들이 진을 치고 있었다. 유진이 다가가
자 대여섯 명의 채권자들이 한꺼번에 달려들었다.

"뭐야! 박 사장 어딨어? 어디로 빼돌렸어?"

"당신 S그룹 다니고 있다면서? 당신도 돈 있을 거 아냐?
당신이 내 돈 대신 갚아!"

"이 집을 팔면 몇억은 나올 것 아냐!"

삿대질을 하고 밀치는 통에 유진은 정신이 하나도 없었다.
유진의 머릿속엔 한 가지 생각밖에는 없었다. '1시간 내로,
아이들이 돌아오기 전에.'

"저는 이번 일과 관련해 채무 관계도 없고 연대 보증도 서지 않았습니다. 채권이 어디에 얼마가 있는지 모르지만, 투자금을 제외한 미지급금은 회사 직원들이 빠른 시일 안에 최대한 해결할 겁니다. 집까지 찾아와 이러시는 건 불법 채권 추심입니다."

"뭐야? 불법? 내 돈을 떼어먹은 게 불법이지! 내 돈을 빼돌려 식구들은 잘 먹고 살고 있으면서 그게 무슨 소리야!"

채권자 중 한 명이 팔을 걷어붙이며 위협했다.

"무슨 근거로 그런 말씀을 하시는 거죠? 자꾸 이러시면 경찰에 신고하겠습니다."

유진은 말이 끝나자마자 전화기를 들고 경찰에 신고했다.

"뭐, 뭐야?!"

"내 돈 떼어 먹고 경찰에 신고를 해?"

흥분한 채권자들이 한꺼번에 달려드는 바람에 뒷걸음치던 유진 바닥에 쓰러졌다. 그때 현관문이 벌컥 열리고 시어머니가 뛰쳐나왔다.

"아이고! 며느리가 무슨 죄가 있다고 이러시오! 내 아들이 벌인 짓이니 날 때리시오!"

시어머니가 유진을 감싸 안고 통곡하기 시작했다. 시어머니는 내내 졸인 마음으로 문에 귀를 대고 있었던 게 틀림없었다. 채권자들도 더는 달려들지 못 했다. 그 사이 경찰이 도착했다.

유진과 채권자들은 모두 경찰서로 연행됐다. 경찰서로 변호사가 달려왔다. 남편 회사 고문 변호사였다. 갑작스런 부탁에도 늦지 않게 도착해준 변호사가 구세주 같았다.

"당사자가 아닌 가족에게 대위변제를 요구하는 것은 불법입니다. 폭언과 폭력행사도 사법처리 대상이 됩니다. 앞으로 이런 일이 다시 발생할 경우 법적인 책임을 묻겠습니다."

변호사의 말에 채권자들은 한발 물러섰다. 유진은 채권자들에게 다가갔다.

"남편의 일로 큰 손해를 끼쳐드려서 죄송합니다. 제가 대신 사과를 드리겠습니다. 오늘 저도 남편의 소식을 처음 들었어요. 그이의 소재는 알 길이 없습니다. 지금 저도 상황 파악이 안 돼서 뭐라 드릴 말씀이 없습니다. 하지만 일이 해결되도록 최선을 다하겠습니다. 정말 죄송합니다."

유진은 고개를 깊숙이 숙였다. 집 앞에서 실랑이를 하면서 유진의 옷과 얼굴은 엉망이 돼 있었다. 채권자들은 분통만 터뜨릴 뿐 더는 어쩌지 못했다.

"하지만 또다시 오늘처럼 아무 예고도 없이 집으로 찾아오신다면 변호사님 말씀대로 법적인 조치를 취할 수밖에 없습니다. 가족을 지키기 위해 저는 모든 수단을 동원할 거예요."

유진은 단호한 말투로 덧붙였다.

"서유진 씨, 저분들을 폭행으로 고소하실 건가요?"

경찰이 유진에게 물었다.

"아니오. 없던 일로 하겠습니다."

유진의 말에 경찰이 이번엔 채권자들을 향해 말했다.

"자, 들으셨죠? 없던 일로 하신다니까 모두 돌아가셔도 좋습니다. 그리고 변호사님 말씀 들으셨죠? 또다시 대위변제를 요구하며 소란을 피우시면 고소하신다니까 명심하시구요. 억울하셔도 법적으로 해결하셔야 합니다. 엄한 사람에게 폭행을 행사하시면 안 됩니다."

채권자들이 모두 돌아간 뒤 유진은 변호사와 함께 경찰서를 나왔다.

"변호사님, 우리 그이 앞으로 잘 도와주세요. 끝까지 변호사님만 믿습니다."

"제가 할 수 있는 한 힘껏 도와드리겠습니다. 대표님이 알아서 잘 처리하실 겁니다. 시간이 좀 걸릴 뿐이지 다시 일어설 수 있습니다. 그때까지 힘내셔야 합니다."

변호사는 위로의 말을 남기고 돌아갔다. 유진은 홀로 터벅터벅 걸어 집으로 향했다. 사람들이 건네줄 수 있는 건 따뜻한 위로가 전부였다. 충격과 외로움, 고통과 절망은 모두 유진 혼자 감당할 몫이었다.

집안으로 돌아오니 맥이 풀렸다. 현관에서 구두를 벗는데도 다리가 후들거렸다. 모든 것이 언제나처럼 그 자리에 있었다. 텔레비전도, 소파에 어질러진 방석과 쿠션도, 장식장에 내려앉은 먼지도 모두 제 자리에 있었다. 학원에서 돌아온 아이들도 언제나처럼 식탁에서 늦은 저녁밥을 먹고 있었다.

"엄마, 왜 이렇게 늦었어? 얼굴은 왜 그래?"

딸이 걱정스럽게 물었다. 아들은 아무 말 하지 않았지만 뭔가 심상치 않은 일이 벌어졌다는 걸 눈치챈 것 같았다.

"응? 오늘 행사가 있었거든. 사람들이 너무 많이 몰려서 정신이 하나도 없었어."

"조심하세요, 엄마."

아들이 무뚝뚝하게 말했다. 유진은 말없이 고개만 끄덕이고 시어머니 방으로 들어갔다.

시어머니는 놀란 가슴을 진정시키느라 약을 먹고 누워

계셨다.

"어머니, 내일 제가 아범 회사에 가서 알아볼게요. 아범은 잠시 피신해 있는 모양이에요. 채권자들이 다신 집으로 찾아오거나 하진 않을 거예요."

시어머니는 말없이 울기만 했다.

"어머니, 사업하는 사람들은 이런 일을 몇 차례 겪기 마련이에요. 제가 직장이 있으니 당장 생활에 어려움은 없을 거예요. 집도 차도 제 앞으로 되어 있으니 당분간 걱정하지 마세요."

차는 애초에 유진의 차였고, 집은 일산 집으로 이사 오면서 관련 서류를 모두 유진이 처리하다 보니 편의대로 자신의 명의로 해뒀었다. 지금 생각하면 불행 중 다행이었다.

"아범은…아이고, 얘가, 어디 가서 혼자 뭘 하고 있는지…."

시어머니는 밖에서 아이들이 들을까봐 속으로 울음을 삼켰다.

"어머니, 제가 알아볼게요. 아범은 잘 있을 거예요."

때마침 전화벨이 울렸다. 남편이었다. 유진은 얼른 시어머니께 전화기를 드렸다. 통화하는 내내 시어머니는 제대로 말을 잇지 못했다. 유진이 다시 전화기를 받아들었다.

"당신, 잘 있는 거야?"

남편은 미안하다는 말만 반복했다. 처음 당하는 일이니 대책을 세울 겨를도 없는 모양이었다.

"여보…."

남편의 목소리를 들으니 목이 메었다. 연대 보증에서 유진을 제외하느라 남편은 채권자들에게 괴롭힘을 받았을 것이다.

"여긴 걱정 말고 당신은 회사 문제에만 집중해."

남편은 끝내 아무 말도 못 하고 전화를 끊었다. 20대 청년 시절에도 남편의 약한 모습은 본 적이 없었다. 40대 중반, 남편에게 인생의 커다란 고비가 찾아온 것이다.

방으로 돌아온 유진은 침대에 벌렁 드러누웠다. 유진은

가슴이 답답했다. 가면을 벗어 던지고 싶었지만 더는 벗어 던질 가면 같은 건 없었다. 채권자와 마주친 순간, 민낯을 고스란히 드러내야 했기 때문이다. 유진은 발가벗은 채 허허 벌판에 혼자 버려진 느낌이었다.

다시, 가면을 쓰다

다음 날, 유진은 반차를 내고 남편의 회사를 찾아갔다. 회사에는 직원들이 모두 떠난 뒤였다. 직원들이 없는 회사는 폐허 같았다. 잠시 후 남편의 후배가 사무실로 들어왔다. 유진의 전화를 받고 온 것이다.

"형수님, 어제 전화로 말씀드린 게 전부입니다. 사장님이 직원들 월급만큼은 최대한 해결하려 하셨지만 모두 2개월 치 급여가 밀린 상태입니다. 직원들도 회사 사정을 아는지라 다들 이해해 줬습니다. 사장님이 지난해 방배동 집을 처분하고 일산 작은 아파트로 옮긴 것도 직원들이 모두 알고 있습니다. 따로 비자금을 마련하거나 그런 것도 없으니 큰 걱정은 안 하셔도 될 거예요. 앞으로 지켜봐야 하겠지만 말입니다. 제가 변호사님과 의논해 최대한 문제를 해결하려고 노력하고 있습니다. 시간이 걸리겠지만 말입니다. 힘내세요. 형수님."

회사 지분 문제와 대표가 책임져야 하는 채권 범위에 대해 후배는 차분하게 설명했다. 그동안 유진이 어떤 식으로든 회사와 관련이 되어 있지 않은 게 천만다행이었다.

유진은 사무실을 나오면서 마지막으로 남편의 책상을 돌아봤다. 급히 자리를 떴는지 책상 위에는 제 자리에 놓인 물건이 하나도 없었다. 저 자리에 앉아 얼마나 많은 밤을 지새웠는지, 크고 작은 갈등과 결단으로 힘겨웠을지 너무 잘 알 것 같았다. 유진 역시 매일 사무실에서 겪는 일이었지만 기울어가는 회사를 일으키려고 안간힘을 쓰는 사장의 심정에 비할 수 없을 것 같았다. 남편은 그 고민과 결단의 끝에서 손을 들고 만 것이다. 그리고 절망 속에서 혼자만의 시간을 보내고 있다. 남편이 돌아올 때까지 유진은 가정과 직장, 어느 곳 하나 포기해선 안 되었다. 유진은 떨리는 가슴을 진정시키고 곧 바로 회사로 출근했다. 일할 직장이 있다는 것이 얼마나 다행인지 몰랐다. 전업주부였다면 당장 생활비부터 해결해야하니 얼마나 막막했을 것인가. 지금 회사는 유진의 소중한 일터인 동시에 가족들이 기댈 유일한 언덕이었다. 회사에 돌아와서도 유진은 좀처럼 머릿속이 정리되지 않았다. 아이들에게 솔직하게 말해야 할까, 아빠가 먼 출장을 갔다고 둘러댈까? 남편도 걱정이었다. 몸은 상하지 않았을지, 잠은 어디에서 자는지, 잠깐 사이에도 마음속에 해일이 몇 번이나 밀려왔다 쓸고 나갔다.

"팀장님, 무슨 일 있으세요?"

민 주임이 커피 한 잔을 내밀었다.

유진은 다이어리를 펼쳐놓고 같은 지점에 계속 동그라미를 치고 있었다. 어떤 생각에 골몰할 때면 유진은 볼펜을 쥐고 같은 도형을 계속해서 그리는 습관이 있었다.

"아무것도 아니야."

지금이야말로 직장인의 가면을 꺼내야 할 때다. 언제까

지 맨 얼굴을 드러내고 있을 수는 없었다. 여긴 회사고 유진은 해야 할 일이 있었다.

"임원회의가 늦춰졌다는 연락이 왔어요."

오후 2시에 열릴 예정이던 경영전략회의가 예고 없이 늦춰졌다. 유진이 팀장으로서 그동안의 성과를 보고하고 중장기 전략을 발표하는 자리다. 팀원들과 전날 늦게까지 자료를 준비했다. 그러고 보니, 바로 어제저녁만 해도 유진에게는 평범한 일상이 이어졌다는 게 떠올랐다. 폭풍우가 몰아친 지 만 하루가 채 지나지 않았다는 게 믿기지 않았다.

회의 시작 30분 전이었다. 경영전략회의는 주요 임원들이 모두 참석하는 자리라 시간이 변동되는 일은 여간해선 생기진 않는다. 혹시 무슨 변수가 생긴 것인지도 몰랐다. 다양한 채널을 통해 미리 상황을 파악해 둬야 했다. 유진의 머릿속엔 빠르게 동기와 선후배의 이름들이 지나갔다.

"팀장님, 옆 부서 김 대리에게 알아보니까 정 상무님이 급히 신제품 박람회 현장으로 출발하셨다고 하네요."

금 대리다. 촉각을 세우고 있다 빠르게 정확한 정보를 알아냈다. 얼마 전까지만 해도 금 대리는 자신의 책상 밖을 벗어나는 일에는 모르쇠로 일관했다. 그것과 비교하면 엄청난 변화다.

"알았어요. 고마워요."

금 대리 덕분에 어떤 채널을 확보해야 하는지 확실해 졌다. 유진은 입사 동기 중 경영지원실에 근무하는 동기를 채팅창에 호출했다. 박진아 과장이다. 지방대학 출신이라는 콤플렉스를 꼬리표처럼 끈질기게 달고 다니던 진아는 사원에서 대리, 대리에서 과장으로 승진하는 동안 꼬리표 같은 건 예전에 털어냈다. 누구보다 열심히 일한 결과였다. 지금은 그룹 내 요직이라 할 수 있는 그룹 경영지원실에서 과장으로 일하고 있다.

– 무슨 일이야?

– 아, 경영전략회의 때문이지?

유진의 단문에도 진아는 금세 무슨 용건인지 알아챘다. 몇 번의 질문과 대답이 오고 가는 사이, 민 주임이 다가와 말했다.

"팀장님, 김 부장님 호출입니다."

유진은 급히 채팅 창을 닫고 김 부장 방으로 갔다.

"서 유진 팀장, 무슨 일이야?"

김 부장도 여러 라인을 가동해 분위기를 파악 중인 것 같았다.

"정 상무님이 박람회 현장으로 급히 출발하셨다고 합니다. 그래서 회의가 1시간 정도 미뤄졌답니다."

"박람회장에 무슨 문제가 생긴 건가?"

김 부장은 지난번 중국 출장 건으로 여전히 유진에게 마음을 풀지 않고 있었다. S쇼핑타워 광주점 오픈 광고 프레젠테이션 이후로도 경직된 표정을 풀지 않았다. 하지만 지금 김 부장은 초조한 표정을 숨기지 못했다. 그만큼 김 부장에게도 경영전략회의가 가지는 무게감이 상당했다.

"그런 건 아닌 것 같습니다. 회장님이 갑자기 박람회장

방문을 결정하셔서 정 상무님이 수행 차 참석하신 것 같습니다."

"아, 그래?"

김 부장이 그제야 잔뜩 긴장했던 표정을 풀었다. 이런 종류의 정보공유가 사소한 것 같지만 상대에 대한 호의가 없다면 불가능하다. 그저 모른다고 하면 그만이다. 이번엔 유진은 기꺼이 정보를 공유했다. 경영전략회의에 들어가면 어차피 김 부장은 유진의 아군일 수밖에 없기 때문이다. 김 부장의 표정이 한순간에 풀어지는 것을 보며 유진은 주 대표의 말을 떠올렸다.

'누구나 기업에서 일하면서 외로움을 느껴요. 유난히 자기 사람을 챙기고 수시로 확인하려는 사람의 내면을 잘 들여다보면 그것이 외로움과 불안감의 또 다른 표현이란 걸 알 수 있죠. 그럴 땐 인간 대 인간으로 이쪽에서 먼저 다가서면 의외로 매듭이 쉽게 풀릴 수도 있어요.'

유진은 그동안 불편하다는 이유로 김 부장을 외면하고

있었던 건 아닌지 되돌아봤다. 조금만 시각을 바꾸면 절대 할 수 없을 것만 같던 일이 기꺼이 할 수 있는 일로 바뀔 수 있다. 지금처럼.

"알았네. 나가봐도 좋아. 오늘 발표 기대하겠네."

등 뒤로 김 부장이 격려하는 소리가 들렸다. 광고팀으로 발령받은 이후 김 부장의 격려는 처음 들어본 것 같았다.

성과 가로채기

경영전략회의는 4시가 넘어 시작됐다. 대회의실 테이블 위엔 회의 참석 인원에 맞춰 각 사업부가 미리 제출한 자료들이 가지런히 정돈돼 있다. 유진은 회의실에 들어가기 바로 직전까지 발표 자료를 꼼꼼히 검토했다. 경영전략회의는 임원들 앞에서 현안을 보고하고 중장기 계획을 검토하는 자리이니만큼 실수 없이 완벽한 모습을 보여야 했다.

회의는 무거운 분위기로 시작됐다. 경영전략회의에서 긍정적 피드백이란 거의 돌아오지 않는다. 회사의 임원진들이 중간관리자들의 보고를 듣고 상황을 파악하고 실패할 확률을 줄여나간다. 수고했다거나, 잘했다는 등의 칭찬은 생략된다. 성과를 얻기까지 주기적인 보고와 반복적인 지적이 계속

된다.

"다음 서유진 광고팀장 발표하세요."

유진은 광주 S쇼핑타워 오픈관련 광고 전략과 집행 일정, 유명 유튜버와 인플루언서들을 상대로 한 특별 이벤트, 스타 사인회 등 마케팅 전략을 발표했다. 일주일 동안 팀원들과 머리를 맞대고 준비한 덕에 발표는 순조롭게 이어졌다.

"매체 환경이 달라졌습니다. 이제까지 TV, 신문, 라디오, 잡지 등 4대 매체와 온라인 광고에 집중돼 왔던 프로모션은 다각화할 필요가 있습니다."

유진은 팀원들과 준비한 프로모션 전략을 꺼내 들었다.

"광주 모 기업에 소속된 여자프로농구팀이 있습니다. 기업이 자금난에 빠지면서 소속회사를 찾지 못하고 있습니다. 현재 국가 대표도 여럿 포함돼 있습니다. 스포츠사업단을 만들어 후원하는 게 어떨까 싶습니다. 저희 마케팅 솔루션 역량을 발휘해 수익구조를 창출한다면 이미지 상승과 더불어 매출 상승효과도 불러올 수 있다고 생각합니다. 또한,

광주 S쇼핑타워 오픈으로 S그룹이 본격적으로 광주에 진출한 이 시점에 광주를 연고지로 하는 스포츠팀을 출범시킨다면 S쇼핑타워가 성공적으로 자리 잡는 데 큰 역할을 할 수 있을 것입니다."

중장기 프로모션의 필요성에 대해 논의하던 중 스포츠마케팅에 대한 아이디어를 민 주임이 내놨고, 금 대리가 광주를 연고지로 하는 여자농구팀에 대한 이야기를 꺼냈다.

"여자프로농구팀?"

정 상무가 되물었다.

"예."

광고팀이 제안을 하긴 했지만 그룹 차원에서 검토한다 해도 하루 이틀에 결정될 일이 아니었다. 상당한 규모의 자금이 필요한 사업이다.

"마침 회장님도 지난번에 스포츠단에 관심을 보이시더군. S쇼핑타워 광고 프레젠테이션을 마치고 임원들과 가진 점심 식사 자리에서 언급하셨네. 김 부장도 그 자리에 있었는데 그 후에 아이디어를 발전시킨 모양이군?"

정 상무가 뜻밖의 말을 했다. 김 부장은 잠시 얼떨떨한 표정을 짓다가 곧바로 대답했다.

"예. 저도 이제 우리 그룹이 스포츠사업단 하나쯤은 출범시켜도 된다고 생각하던 참이었습니다. 그래서 광주에 연고를 둔 스포츠단을 알아보고 있었습니다."

황당해진 건 유진이었다. 이 프로모션 아이디어는 유진의 것이 아니라 광고팀 전체의 것이었다. 발표 내용을 미리 결재 맡을 때 정작 김 부장은 반신반의했었다.

"그럽시다. 스포츠사업단을 적극적으로 검토해 봅시다. 김부장과 서유진 팀장은 기획안을 좀 더 보완해서 정식으로 기안을 올리도록 하세요."

이야기가 엉뚱하게 진행되는 걸 유진은 그저 바라만 보고 있었다. 이대로 일이 진행된다면 김 부장이 성과를 독차지할 것이 뻔했다. 하지만 다른 말을 덧붙이기에도 적절한 타이밍이 아니었다.

회의가 끝난 것은 퇴근 시간을 1시간이나 넘긴 뒤였다. 광고팀 뿐 아니라 거의 모든 사업부의 직원들이 그대로 남아 있다. 유진은 회의실로 팀원들을 소집해 결정된 내용을 전달했다.

"광주에 연고를 둔 스포츠단을 적극 검토하기로 했습니다."

유진의 말에 팀원들은 환호성을 질렀다. 스포츠사업단은 지금까지 진행했던 프로모션 규모와는 비교가 되지 않았다. 광고팀으로서는 도전적인 과제였다. 다행히 그 첫발을 내디딘 것이다.

"정말요? 팀장님 수고하셨습니다."

"수고하셨습니다!"

기획안을 썼던 금 대리와 민 주임이 가장 기뻐했다.

"아시다시피, 이런 일은 기업주의 의지가 없으면 진행되기 어려운 사업입니다. 회장님도 때마침 관심을 가지고 계시다고 하니 적극적으로 추진해 봅시다. 금 대리, 민 주임과 한

팀으로 계속해서 날 도와줘야겠어요. 정 대리와 다른 팀원들은 창단이 구체화 되면 합류하는 것으로 합시다. 단순한 창단에 그치는 것이 아니라 스포츠 마케팅을 해야 합니다. 새로운 수익 구조를 창출해야 해서 만만한 사업이 아닐 겁니다. 창단 되면 별도 사업단이 꾸려지게 될 겁니다. 그 전에는 우리 팀이 밑그림을 그려야 합니다. 회사로서는 처음 진출하는 분야니 만큼, 지금 우리 팀의 역할이 무엇보다 중요합니다."

유진이 앞으로의 계획에 대해 말했다. 회의 도중 김 부장의 돌발적인 발언은 차마 입 밖으로 꺼내지 못했다. 부하 직원의 아이디어를 망설이지 않고 가로채다니. 김 부장에게 먼저 마음을 열기로 한 것도 잠시, 자신이 필요할 때 필요한 것만을 취하는 태도가 몹시 불쾌했다. 그 자리에서 즉시 바로잡아야 했었나, 머리가 복잡했다. 가뜩이나 남편의 일로 마음이 무거운 차에 이런 일에 신경 쓰고 싶지 않지만 말끔히 마음이 비워지지 않았다.

의사결정에서 소외되다

유진이 회의를 마치고 나오자 메모 한 장이 책상 위에 놓여 있었다. 김 부장의 호출이었다. 회사 앞 식당으로 오라고 쓰여 있었다. 나중에 다른 말이 나오지 않도록 미리 입막음을 하려는 것이 틀림없었다. 유진은 내키지 않았지만 약속 장소로 향했다. 마음 같아서는 곧장 집으로 가고 싶었지만 회사 일은 회사에서 마무리 지어야 했다.

약속 장소는 회사 근처 일식 레스토랑이었다. 김 부장은 정 상무와 함께 있었다.

"서유진 팀장, 어서 오게."

정 상무가 유진에게 자리를 권했다.

"상무님이 자네를 꼭 부르라고 하더군."

김 부장이 유진의 술잔에 따뜻하게 데워진 정종을 따랐다.

"스포츠 사업단 아이디어는 김 부장이 냈지만 실무자인 자네를 믿고 추진하는 것이네. 잘 알고 있지?"

정 상무의 말에 김 부장이 긴장하는 것이 느껴졌다. 유진은 정 상무가 내미는 술잔을 맞부딪친 후 입을 뗐다.

"전 김 부장님이 스포츠 사업단에 관심을 가지고 계시는 줄은 몰랐습니다. 굳이 말씀 안 하셔도 통하는 바가 있었나 봅니다."

유진은 상사에 대한 배려라는 이름으로 그냥 넘어갈 일이 아니라고 생각했다. 아직 본격적으로 사업이 진행되기 전이지만, 그래서 더욱 확실히 해 두어야겠다고 생각했다. 광고팀에 발령받은 이상, 자리에 걸맞은 역할을 해내야 하는 것은 유진 역시 마찬가지 입장이었다. 무엇보다, 부하직원의 제안을 아무렇지도 않게 가져갈 생각을 하는 김 부장이 어처구니가 없었다. 유진의 말에 김 부장의 얼굴에 당혹

스런 빛이 스쳤다.

"허허. 그랬군. 김 부장, 부하직원을 거느리는 솜씨가 보통 아니구만 그래. 직접 말을 하지 않고도 힌트를 줘서 스스로 일을 찾아 하게 만들었으니 말이야. 허허."

유진이 돌려 말하는 것이 무슨 뜻인지 정 상무는 금방 알아챘다. 유진의 손을 들어 주면서도 김 부장이 무안하지 않도록 배려했다. 아무리 유진이 옳다고 해도 노골적으로 상사의 잘못으로 못 박는다면 유진에게도 이로울 것이 없다. 앞으로 더욱 곤란한 처지가 될 것을 염려한 것이다.

"그렇게 말씀해주시니 감사합니다."

김 부장이 정 상무의 빈 잔에 술을 따랐다.

"김 부장, 우리 서유진 팀장 잘 부탁하네. 내가 신입사원 시절에 데리고 있던 후배인데, 아마 기대했던 것 보다 두 배, 세 배의 능력을 발휘할 걸세. 부하 직원의 실적은 곧 상사의 실적이 되는 것 아니겠나? 자네가 잘 이끌어주게."

정 상무가 빈 잔에 술을 따라 김 부장 앞에 놓았다.

"김 부장님과 함께 스포츠사업단 프로젝트 잘 이끌어 보겠습니다."

유진이 담담하게 말했다.

보름 뒤, 유진은 김 부장에게 호출됐다.

"네? 스포츠사업단 창단이 무산됐다고요?"

처음 듣는 얘기였다. 담당 부서 팀장도 모르게 추진 중인 사업이 무산되다니. 유진은 황당했다.

"자네는 그렇게 알면 돼."

김 부장이 아무렇지도 않게 말을 툭 던지고 사무실을 나갔다.

정 상무 덕분에 그날은 무사히 넘어갔지만 김 부장과의 관계가 개선된 것이 아니었다. 입바른 소리를 하는 유진을 김 부장이 단단히 벼르고 있었던 게 틀림없었다. 그게 아니라면 어떻게 이런 일이 일어날 수 있단 말인가.

유진은 김 부장이 사무실을 나간 뒤 자리로 돌아와 망연자실하게 앉아있었다. 금 대리가 우물쭈물 다가왔다.

"저, 지난주 금요일에 김 부장님이 저에게 추진하던 일을 보류하라고 말씀하셨습니다. 저는 팀장님과 이미 이야기가 된 줄 알았습니다. 예산 문제로 기획안이 보류됐다고….."

금 대리의 말을 듣고 유진은 더욱 황당했다. 팀장을 제외하고 대리급 사원하고는 정보를 공유했다니. 의도적인 따돌림이라고밖에 볼 수 없었다.

"그래요. 알았어요. 가 봐요."

유진은 금 대리를 자리로 돌려보낸 후 옥상으로 올라갔다. 바람이 시원하게 불었다. 할 수만 있다면 머리를 활짝 열어 바람을 쐬게 해주고 싶었다. 유진은 스마트폰을 꺼내 남편에게 카톡을 보냈다. 지금 가장 생각나는 사람이었다.

– 옥상에 바람이 많이 불어. 이 바람이 당신에게도 가 닿았으면 좋겠어. 머릿속이 잠시라도 시원해지게. 여긴 다 괜찮아. 걱정 마.

그날 이후 남편은 집으로 돌아오지 않았다. 결혼 후 모은 재산이 거의 다 남편의 회사 자금으로 흘러들어 갔다. 남은 건 작은 아파트와 유진의 차 한 대뿐이었다. 지난밤, 남편은 재기하기 전까지는 집에 들어올 면목이 없다고 메시지를 보내왔다. 혹시라도 자신이 다시 채권자들을 집으로 끌어들이게 되지는 않을까 걱정하는 게 틀림없었다.

– 당신에게 많이 미안해.

남편의 메시지였다. 유진은 답문을 보내려다 멈칫했다. 인기척이 느껴졌다.

"저, 팀장님…. 팀장님 여기 계신 줄 알았습니다. 머리가 복잡할 때 가끔 여기로 올라온다고 하셨잖아요."

금 대리였다. 유진을 따라 올라온 모양이었다.

"팀장님, 많이 속상하시죠? 김 부장이 이렇게 나올 줄은 몰랐습니다. 저라도 미리 말씀드렸어야 했는데, 죄송합니다."

"금 대리가 뭐가 죄송해? 다 내가 부족한 탓이지. 금 대리도 민 주임도 의욕적으로 준비했는데 내가 미안하게 됐어. 팀장으로서 사업 하나 제대로 챙기지 못하다니…."

주 대표가 김 부장에게 인간적으로 다가가라고 조언했지만 노력이 부족했는지도 모른다. 빨리 관계를 개선시키고 싶었지만 기회는 좀처럼 찾아오지 않고 오히려 상황이 꼬여 버렸다. 이대로 자책만 하면서 직장 생활을 계속할 수는 없었다. 뚜렷한 실적이 없는 한, 연말 인사고과는 C등급이나 D등급이 될 수도 있었다. 인사고과 하위 등급자는 인사 대기나 임금 삭감 대상자가 되기도 한다. 같은 등급이라도 여직원이 훨씬 불리한 위치에 서게 된다. 이제 집안의 생계를 책임져야하는 유진은 눈앞이 캄캄했다.

"저, 팀장님. 김 부장님이 기러기 아빠라는 건 알고 계시죠?"

김 부장의 아이와 아내가 5년 전 호주로 떠난 건 사내에서 모르는 사람이 거의 없었다.

"며칠 전 김 부장님과 사우나에서 마주쳤습니다. 아이가 유학 생활에 적응을 못하고 있나 봅니다. 그렇다고 중간에 돌아올 수도 없고, 지금 돌아와서 한국 입시에 갑자기 적응하는 것도 무리고. 늦게 결혼해서 둘째가 아직 중학생이랍니다. 고민이 이만저만이 아니신 것 같으시던데요. 김 부장님, 알고 보면 그렇게 강한 면만 있는 분은 아니십니다. 아침도 늘 못 먹고 나오셔서 점심 전까지는 출출해서 사무실을 왔다 갔다 하시잖아요. 여직원들 간식을 아무렇지 않게 슬쩍하시는 것도 기러기 아빠가 된 다음에 생긴 습관인 것 같아요."

남자들이 벌거벗고 이야기한 것을 유진에게 전해주는 금 대리의 의도가 무엇인지, 유진은 알 것 같았다. 금 대리는 지금 유진이 외로워 보였는지도 모르겠다. 김 부장 역시 위태롭게 인생을 버텨나가는 사람이니 이해하란 뜻일 것이다.

"고마워. 금 대리. 이해해줘서."

"뭘요. 지난번 팀장님이 먼저 절 이해해 주셨잖아요. 전 누구보다 우리 팀장님을 믿고 응원하고 있으니까 힘내세요. 우리 팀원들 모두 마찬가지예요."

유진의 시선이 허공을 더듬었다. 잠시나마 주위 사람들

에게 기대 견뎌내고 싶었다. 혼자서 버티기엔 버거운 일들이 쉴 없이 일어나고 있었다. 금 대리가 옥상에서 내려간 뒤 유진은 남편에게 조금 전에 쓰려던 메시지를 보냈다.

　- 여보, 보고 싶다.

　남편 역시 유진의 어깨에 기대 잠시 쉬고 싶을 것이다.

성장하는 리더

: 어떻게 행동할지 안다는 것

리더는 행동을 통해 성장한다. 행동의 결과가 매번 기대했던 대로 나오는 것은 아니다. 하지만 성공에는 성과가 달콤하고, 실패에는 과정이 경험으로 축적된다. 행동은 성공을 낳든 실패를 보여주든 리더의 성장을 돕는다. 행동하기에 앞서 실행계획이 수립되면 성공 확률이 높아진다. 성공하려면 실행하기 전에 당면한 과제를 잘게 나누고, 간단하게 실행한 뒤 다시 종합해내는 것이 도움이 된다. 성공의 씨앗은 생각이다. 생각하고, 그 생각을 기록해보고, 적어놓은 것을 보면서 다시 생각에 잠기는 과정이 생각을 키운다. 성공의 자양분은 자투리시간이다. 일상의 작은 토막시간들을 끌어안고, 그 작은 틈새시간에 잘게 나눈 과제들을 배정하고 실행한다. 성공의 마무리는 자기표현이다. 내가 해낸 것을 능숙하게 알릴 수 있는 프로다움이 중요하다. 그러려면 자기 자신을 가치 있는 브랜드로 인식하는 기반이 필요하다. 내가 어떻게 행동할지는 나 스스로가 제일 잘 안다. 나를 가치 있게 여기고 내 행동을 스스로 지지하라.

제 4단계

균형잡힌

리더

전문직 여성의 다른 이름,
아줌마

얼음장 갈라지는 소리가 들렸다. 이른 봄, 두꺼운 얼음장이 쩡쩡 갈라지는 소리. 꿈인 듯 생시인 듯 유진은 침대 머리맡을 더듬었다. 알람 소리였다. 알람은 얼음장을 꽝꽝 두드리고 기어이 단잠을 깨뜨렸다. 제발, 10분, 아니 5분이라도 더 잘 수만 있다면…. 어제 마케팅사업부 전체 회식이 있었다. 4차까지 가서 폭탄주를 겁도 없이 열 잔 넘게 마셨다. 스트레스로 답답한 가슴에 소독약을 들이붓듯 알코올을 들이부었다.

가까스로 알람시계를 손에 쥔 유진은 시간을 확인하다 깜짝 놀랐다. 알람은 평소 기상 시간 보다 2시간이나 일찍 설정돼 있었다. 유진은 무거운 몸을 벌떡 일으켰다. 정신이 번쩍

났다.

　새벽녘 집으로 들어와 취중에 기어이 알람을 맞춰놓은 이유가 있었다. 오늘은 아들이 체험학습을 가는 날이다. 도시락을 싸야 한다. 어제 폭탄주를 3잔째 들이키기 전 아들의 도시락을 싸야 한다고 비몽사몽 옆자리 누군가에게 호소하듯 말했던 기억이 났다.

　평소 살뜰히 아이들을 챙기지 못하는 엄마지만 도시락만은 유난을 떤다 싶을 정도로 정성스레 싸주는 편이다. 학년이 올라가면서 김밥 전문점에서 김밥을 한 줄 사오거나 편의점 도시락을 가져오는 아이들이 늘었다지만 유진은 꿋꿋하게 새벽에 일어나 색색 김밥을 말고 유부초밥에 볶음밥을 넣어 도시락을 쌌다. 아이들이 친구들 앞에서 3단 도시락을 자랑스럽게 벌려놓고 점심을 먹고 오면 그간 엄마로서 소홀했던 게 조금쯤 상쇄되곤 했다. 유진은 욕실에 들어가 세수부터 했다. 다행히 김밥 재료는 전날 미리 사다 놓긴 했지만 시간이 넉넉하진 않다. 평소보다 좀 더 정성스런 도시락을 준비하고 싶어 반 조리된 재료들 대신 신선한 재료들을 샀기 때문이다. 우엉을 일일이 다듬어 조리고 어묵도 끓는 물에 데쳐서 제대로 조려야 했다. 당근과 오이, 시금치도 잔뜩 사다 놓았다.

아이들은 아빠의 부재가 무엇을 뜻하는지 민감하게 알아챘다. 무겁게 가라앉은 집안 분위기도 예사롭지 않게 느껴졌을 것이다. 며칠 전 유진은 아이들에게 사실대로 말했다. 아빠의 사업이 어렵게 됐고, 당분간 모두 힘을 합쳐 이겨나가야 한다고. 엄마가 곁에 있으니 너희들은 평소처럼 해야 할 일을 하면 된다고 당부했다. 아들은 묵묵히 듣고 있었고, 딸은 시무룩해졌다. 그 뒤로 세심하게 아이들을 보살펴야 했지만 회사 상황 역시 녹록지 않았다.

부엌에 들어가 더듬더듬 야채 칸을 찾던 유진은 무심코 밀폐용기를 열어보다 깜짝 놀랐다. 도시락 재료가 깔끔하게 정리돼 있었다. 시금치는 심심하게 무쳐 있고 당근은 볶기만 하면 되도록 채 썰어져 있다. 햄과 맛살, 맛있게 조린 우엉까지 나란히 줄 맞춰 있다. 볶음밥 재료는 따로 잘게 썰어져 한 곳에 담겨있다. 유진은 밥통을 열어봤다. 불린 흰쌀이 뽀얀 얼굴로 유진을 올려다보고 있다. 취사 버튼만 누르면 된다. 시어머니 솜씨다. 어젯밤 유진이 늦도록 돌아오지 않자 손을 덜어주려고 미리 준비해 두신 것이다.

"아, 우리 어머니, 우리 어머니⋯."

유진의 입에서 기도하듯 '어머니', '어머니' 하나의 단어만 흘러나왔다. 중얼거리면서도 서둘러 계란을 풀어 지단을 만들고 참치 캔의 기름부터 빼놓고 재료를 이것저것 챙겨 식탁위에 늘어놓았다. 청포도와 방울토마토를 씻어 식초 물에 담가두는 사이 밥이 다 됐다. 볶음밥을 해놓고 김밥을 거의 다 말았을 무렵 식구들이 하나둘 깨어났다.

"얘, 어서 출근 준비해. 이제 도시락 통에 담으면 되는 거지?"

시어머니다. 남편 회사에 부도가 난 후 아이들도 아이들이지만, 시어머니가 몸져눕지나 않으실까 걱정이었다. 하지만 시어머니는 유진이 생각했던 것보다 훨씬 더 강했다. 요즘 유진이 마음을 기댈 곳은 시어머니뿐이었다. 친정 부모님은 아직 아무 것도 모르고 있었다.

"엄마, 나 학원 그만 다닐게요. 끊어주세요. 인터넷 강의 좋은 선생 알아놨어."

아들이 식탁에 앉으며 툭 내뱉었다.

"왜? 엄마가 학원비 안 줄까봐? 엄마 유능한 회사원이야."

유진은 말은 그렇게 하면서도 뜨끔했다. 당장 생활비는 문제가 없지만 연말 인사고과를 장담할 수 없다. 내년 상황이 어떻게 달라질지 아무도 모른다. 속칭 직장인의 비애를 말하는 '삼팔선', '사오정', '오륙도'가 남의 일이 아닌 것이다. 그동안 부어왔던 보험이나 적금도 진즉 해지해 남편의 사업자금으로 흘러들어 갔다. 따로 챙겨놓은 목돈도 없다. 이런 속사정까지 아들이 알 리 없지만 집안을 흐르는 이상 기류마저 모르진 않을 것이다.

"내신 성적 관리 잘할 테니까 걱정 마."

※삼팔선 : 38세에 구조조정 대상, 사오정 : 45세가 직장의 정년, 오륙도 : 56세까지 직장에 남아 있으면 도둑놈

아들이 김밥을 입에 한가득 넣고 우물우물 씹었다.

"하지만 엄마 생각은 좀 달라. 내년이면 중학교 2학년이 잖아. 1학년은 그렇다 쳐도, 이제부턴 학원에서 고등학교 입시 상담도 해야 해."

아들 학원과 과외비만 한 달에 백만 원 넘게 들어간다. 딸 학원비까지 합하면 한 달 백오십만 원 정도다. 남편도 유 진도 꼬박꼬박 급여를 받을 때 이야기다. 학년이 올라가면 더 부담이 될 것이다. 그렇다고 당장 아이들 교육비까지 줄 이고 싶지는 않았다. 학원을 다니는 다른 아이들과 격차가 벌어질지도 모른다는 불안감 때문이었다.

"엄마, 그건 3학년 올라가서 진학 지도받을 때 알아봐도 돼. 그리고 입시 정보는 선생님들이 누구보다 잘 알고 계세 요. 지금은 혼자 공부하게 놔두세요."

아들이 단호하게 말했다.

"오빠 학원 그만두면 나도 그만두게 해주세요. 우리 반에 서도 공부 잘하는 애들은 모두 학원 하나도 안 다녀. 방과 후 교실만 한다고요. '자기 주도 학습' 몰라요, 엄마?"

아직 초등학생인 딸이 똑 부러지게 말했다.

"엄마, 요즘은 대학 입시에 수시 비중이 크잖아요. 학원에서 선행학습을 하는 것보다 내신 점수를 착실히 받는 게 학생부전형에서 더 유리해요. 학원에서 보내는 시간보다 더 많이 공부할 테니까 걱정 마세요."

아들의 말에 유진은 말문이 막혔다. 회사일과 집안일에 허덕이는 사이 아이들의 공부는 학원에만 맡겨두고 있었던 것이다. 수시, 정시, 내신, 학생부 전형, 또 무슨, 무슨 전형이 많이 있는 것 같긴 한데…. 이 나라 입시 제도를 이해하기 위해서는 엄마들도 학원을 따로 다녀야할 지경이다.

"그래. 엄마가 너희들 의견 잘 참고할게. 그 대신 더 열심히 해야 해. 알았지?"

유진이 못 이기는 척, 한발 물러섰다. 식탁에선 변한 것이 없었다. 하지만 남편의 부재는 가족들의 말 한마디, 한마디에 작은 그늘을 드리우고 있었다.

핸드백 속 스니커즈

유진은 주차장으로 가 운전대를 잡는 대신 지하철역으로 뛰었다. 아직 술기운이 말끔히 가시지 않았다.

경복궁 역을 지나자 승객들이 눈에 띄게 줄었다. 그제야 유진도 빈자리 하나를 차지할 수 있었다. 엉망으로 흘러내린 스카프를 제대로 매고 핸드백에서 거울을 꺼내 머리를 매만지고 나자 앞자리에 앉은 승객이 눈에 들어왔다. 20대의 직장 여성 3명이 나란히 앉아있다. 하나같이 완벽하게 화장을 하고 생기 어린 표정으로 스마트폰을 뒤지고 있다. 저들은 이른 아침부터 SNS로 뭔가로 확인하고, 짧은 안부를 전하고, 저녁 약속을 잡는 모양이다. 분명 유진에게도 저런 시절이 있었다. 지금은 나이 마흔에 어쩔 수 없는 아줌마

이자, 스스로를 전문직 직장 여성이라 일컫는 워킹 우먼이 됐지만. 저 나이 때 유진은 겨우 차려입은 한 벌 정장을 입고 무조건 열심히만 하면 되는 줄 아는 초짜 여직원이었다. 머리 위엔 보이지 않은 유리 천장이 버티고 있었고 의사결정과정에서 소외감을 느끼고 있었다. 마흔이 된 지금도 달라진 건 거의 없었다. 보란 듯이 성과를 가로채이고 팀원들과 함께 추진한 사업 하나도 제대로 못 챙기고 있다. 유진은 저도 모르게 한숨을 내쉬었다. 술 냄새가 진동했다. 앞자리 오피스레이디들이 하나둘 내릴 채비를 했다. 보기에도 아찔한 하이힐을 신고 지하철 문으로 서둘러 나갔다. 저들은 이제 긴 계단 앞에 설 것이다. 하이힐을 신고 오르기엔 너무 힘겨울 것이다. 유진은 저들에게 과감히 하이힐을 벗어 던지고 핸드백 속에서 스니커즈를 꺼내라고 말해주고 싶다. 긴 계단을 올라 갈 때를 대비해 가벼운 스니커즈를 백 속에 넣어두라고. 유진은 오래 신어 가죽이 부드러워진 자신의 구두를 내려다 봤다. 이제 내릴 역이다.

　사무실에 들어온 유진은 속이 울렁거려 달달한 믹스커피를 연거푸 마셨다. 그러고서야 겨우 컨디션이 돌아왔다. 도시락을 싸느라 아침밥을 못 챙겨 먹었더니 시어머니가 작은 밀폐용기에 며느리의 도시락을 싸서 가방에 넣어 주셨다. 점심시간에 김밥 몇 개 집어 먹으면 속이 든든할 것이다. 남자 직원들도 술기운이 남아 정신이 몽롱한 것은 마찬가지다. 김 부장은 조금 전에 슬그머니 사무실을 빠져나갔다. 아마 한 블록쯤 떨어진 곳에 있는 사우나로 갔을 것이다. 길 건너에도 호텔 사우나가 있지만 운이 나쁘면 회사 임원과 마주칠 수 있기 때문이다. 금 대리는 민 주임에게 슬쩍 메모를 건네고 있다. 술 깨는 약을 부탁하는 것이다. 남자 직원, 특히 기혼 남성들의 아침은 유진 보다는 조금 더 견딜 만할 것이다. 유진이 그토록 원하던 10분이 적어도 1시간은 주어졌을 테니까.

　"나도 아내가 있었으면 좋겠다….."

　그들을 보고 있자니 혼잣말이 절로 나왔다. 그러고 보니 아내가 없는 또 한 사람이 있었다. 기러기 아빠, 김 부장이었다.

유진은 시어머니가 싸둔 도시락을 꺼내 김 부장의 자리로 갔다. 책상 위에 도시락을 놓으려다 멈칫했다. 기러기 아빠가 된 후로 아침밥을 챙겨 먹지 못한다는 금 대리의 말이 생각나서 김 부장의 자리까지 왔지만 왠지 망설여졌다. 김 부장은 여전히 유진에 대한 앙금이 남아서 의사결정 과정에서 노골적으로 배제하고 있다. 도시락을 슬쩍 갖다 놓은 걸 알면 유진을 어떻게 생각할까. 쓸데없는 오해를 낳기 싫었다. 다시 돌아나가려는데 자리로 돌아오는 김 부장과 시선이 딱 마주쳤다. 사우나에 간 줄 알았는데 아닌 모양이었다.

"자네, 여기서 뭐 하나?"

김 부장의 시선은 이미 유진의 손에 들린 도시락에 꽂혀 있었다. 유진은 어쩔 수 없이 들고 있던 도시락을 책상 위에 올려놓았다.

"김밥이에요. 오늘 아들 도시락을 싸면서 하나 더 싸왔거든요."

"그래?"

김 부장은 점심시간도 아닌데 도시락을 펼쳤다. 아들과 똑같은 3단 도시락이다. 안 그래도 식탐 많은 김 부장의 눈이 휘둥그레졌다. 얼른 맨손으로 김밥 하나를 집어 입에 넣었다. 그러다 잊고 있었다는 듯 쑥스러운 표정으로 유진을 바라봤다.

"가게에서 파는 것과는 다른 맛이야. 야, 서유진 팀장 솜씨가 좋군그래. 점심시간에 맛있게 먹겠네."

김 부장이 도시락 뚜껑을 덮기 못내 아쉬운지 김밥을 하나 더 집어 입으로 가져갔다.

"맛있게 드세요. 그럼 전 이마 나가보겠습니다."

유진도 덩달아 쑥스러워져서 얼른 돌아 나왔다. 그 순간, 왜 그날의 밥상이 떠올랐는지, 유진 스스로도 의아했다. 계란 세 개로 끓인 계란 탕. 강희가 차려준 아침상 말이다. 삭막한 아침의 따뜻한 위로가 뭉클하게 떠올랐다.

열정의 뿌리

점심은 모처럼 여직원들과 함께 회사 근처 레스토랑에서 스파게티를 먹었다. 유진은 여직원들과 가끔 시간을 가지며 조언을 해주곤 했다. 따로 날을 잡아 여직원 모임을 갖는 것보다는 소소하게 점심을 먹거나 휴게실에서 잠깐 티타임을 갖는 정도다. 모처럼 구내식당이 아닌 곳에서 점심을 먹으니 대낮의 길거리 풍경이 신선하게 다가왔다. 식사 후 유진은 여직원들 무리에 끼어 회사를 향해 걸었다.

"팀장님, 아까 점심값 많이 나왔죠? 작은 거지만 이거 출출할 때 맛있게 드세요."

디자인 팀 조 대리다. 조 대리가 내민 것은 작은 종이 상자에 담긴 컵케이크와 커피였다. 상사가 내는 점심은 법인 카드로 결제하는 것이려니, 당연하게 여기지 않고 고맙게 생각해주는 게 오히려 더 고맙다. 오늘 점심값은 유진의 개인 카드로 결제했다.

"내가 제일 좋아하는 치즈 케이크네. 맛있게 먹을게. 근데 아기는 어린이집에서 몇 시까지 봐줘?"

조 대리와 함께 회사를 향해 걸으면서 유진은 이제 막 두돌이 지났다는 조 대리의 아이 얘기를 꺼냈다. 유진에겐 시어머니라는 든든한 육아 보조자가 있지만 조 대리는 어린이집의 도움을 받고 있다. 출퇴근 시간에 남편과 교대로 어린이집에 들러 아이를 데려다주거나 데리고 온다고 했다.

"원래 오후 7시 30분까지지만, 9시 30분까지 연장할 수 있어요. 가끔 아이가 열이 날 때가 있는데, 그런 날도 어린이집에 맡기고 출근해야 하는 게 제일 마음 아프죠."

"육아 휴직 3년 쓸 수 있다는 거 알지? 3년이 너무 길다고 생각되면 탄력근무제를 적극적으로 이용해 보지그래?"

탄력근무제는 특정 날짜의 업무시간을 연장하는 대신,

다른 날 업무시간을 단축할 수 있는 제도다. S그룹에도 지난해부터 도입되었지만 이를 적극적으로 이용하는 사원들은 아직 적다고 들었다.

"그 제도를 알긴 하지만 혹시나 불이익을 받을까 봐 선뜻 신청하기 어려워요."

유진은 조 대리의 심정을 조금 알 것도 같았다. 유진도 첫째 아이 출산 때는 법적으로 보장된 출산 휴가 기간을 다 채우지 않고 회사에 복귀했었다. 육아휴직은 꿈도 못 꿨다.

"조 대리, 나도 그런 시절이 있었어. 승진에 불이익을 받을지도 모른다는 불안감 때문에 출산 휴가를 두 달만 쓰고 복귀했지. 하지만 지금은 후회해. 왜 그런지 알아?"

"후회하신다고요? 저는 서 팀장님이 그런 생각하실 줄은 몰랐어요."

"지금 생각해보면 출산휴가 석 달은 앞으로 회사를 다닐 시간에 비하면 아주 짧은 기간이었어. 세월이 조금 지난 후 지금에야 깨달았어. 그 소중한 시간을 아이와 함께 해주지 못 한 것이 후회돼. 출산휴가를 쓰면 불이익을 받지 않을까, 지레 겁을 먹은 건 아닌가, 그런 생각도 들고. 아이와 지낼 수 있는 그 짧은 시간은 평생 다시 오지 않거든."

유진의 조언에도 조 대리의 얼굴은 좀처럼 밝아지지 않았다.

"육아 문제도 그렇지만 학자금 대출을 아직도 갚고 있거든요. 남편 것과 제 것 둘 다 갚으려면 열심히 일해야 해요. 남편도 저도 지금은 회사에서 기반을 잡아야 할 때인 것 같아서…."

삶의 문제는 두 가지 이상의 문제가 한꺼번에 꼬여있을 때가 많다. 만병통치약처럼 하나의 약으로 모든 문제를 처방하는 건 불가능하다. 경제적인 문제뿐 아니라 회사 생활과 육아, 집안 대소사 등 여러 가지 문제들이 신기하리만큼 동시다발적으로 일어나곤 한다. 유진의 경우에도 그랬다. 지금도 회사일과 집안일이 동시에 유진의 발목을 잡고 있다.

"학자금 대출 문제는 사내협동조합대출을 고려해 보면

어떨까? 거의 무이자로 대출해준다고 알고 있거든. 그리고
탄력근무제를 신청하다 혹시 문제가 생기면 언제든지 나한
테 의논해 줘. 회사 차원에서 임원들과 상의할 일이 있으면
내가 도움을 줄 수도 있으니까."

"말씀만이라도 너무 고마워요. 팀장님."

조 대리가 환하게 웃었다.

"힘든 일들은 언젠가는 지나가. 그건 틀림없는 사실이야.
그러니까 힘내."

유진은 조 대리의 손을 꼭 잡았다. 조 대리보다 자기 자
신에게 건네는 위로였다.

"그런데 팀장님, 우리 회사 스포츠단 만든다는 거 사실이
에요? 그렇게 되면 정말 좋을 거 같아요. 우리 직원들 애사
심도 우러나고요."

조 대리의 말에 유진은 당황했다.

"으응, 그게…. 없었던 일이 됐어."

유진은 자세한 설명을 하지 못했다. 의사결정의 자리에

없었기 때문이다.

"어머? 어쩌다요? 아이들이 크면 같이 우리 회사 농구단 경기에 응원 갈 수 있겠구나, 기대하고 있었다고요."

조 대리는 여간 안타까운 게 아닌지 발까지 동동 구르며 유진의 뒤를 따랐다.

스포츠단 설립은 그룹 외적 이미지와 수익창출뿐 아니라 직원들의 사기 진작에도 큰 영향을 미친다. 조 대리의 말을 들으며 유진은 스포츠사업단 창단에 자신이 왜 그렇게 미련을 두고 있는지 새삼 깨닫게 됐다. 스포츠마케팅이라는 일 자체에 대한 호기심도 있었지만 유진은 누구보다도 S그룹에 애착을 느끼고 있었다. 소모적인 사내 정치, 야근과 육아에 지친 동료들이 하나 둘 퇴직할 때마다 유진은 작은 상실감을 느껴왔다. 특히 최강희가 회사를 떠났을 때는 충격이 컸다. 강희는 새로 생기는 SNS 기업에 스카웃 제의를 받고 이직했다. 그녀를 위해서는 잘 된 일이었지만 상실감은 이루 말할 수 없었다. 강희가 떠난 뒤에도 유진은 흔들리지 않았다. 유진 역시 한두 번 이직을 고려한 적이 있었지만 그때마다 처음 사직서를 던진 다음 날, 자기 자리로 돌아와 했던 결심을 떠올렸다. 반드시 이 자리에 뿌리를 내리고 말겠다는 결심 말이다. 유진은 20대 후반과 30대를 거치는 동안 온전히 S그룹에 열정을 쏟아부었다. 열정의 뿌리가 단단히 자리를 잡아가는 만큼 유진은 더욱더 S그룹에 소속감을 느꼈다. 남편의 사업실패로 삶 전체가 흔들릴 수도 있는 상황에서 가족들을 버티게 해주는 것은 그녀가 S그룹의 일원이며, 그 안에서 경제활동을 해나갈 수 있다는 사실이었다. 반드시 이 일을 성공시키리라. 성공적으로 마무리되면 광고팀으로서는 누구도 부인하지 못 할 뚜렷한 성과를 올리는 셈이 된다. 유진 개인에게도 성과가 필요하긴 마찬가지였다. 보란 듯이 이 위기를 기회로 바꿔야 했다.

회사가 가까워지자 어깨를 움츠리고 걷던 여직원들이 하나 둘 정문으로 뛰어들어갔다. 유진도 서둘러 계단을 올랐다. 빌딩 숲 사이엔 바람이 유난히 세게 불었다.

사우나와 밥집

오후 내내 스포츠사업단 창단 문제를 어떻게 풀어나가야 할까 궁리했다. 하지만 뾰족한 방법이 떠오르지 않았다. 한 번 반려된 거나 마찬가지인데 다시 불씨를 댕기는 일이 쉽지만은 않을 거 같았다. 더구나 그 일을 추진하는 과정에서 김 부장과의 관계도 더욱 어색하게 돼 버렸다. 의사결정 과정에서 노골적으로 배제 됐다는 점도 유진을 더욱 의기소침하게 만들었다. 김 부장에게 도시락을 건네긴 했지만 이 일과는 상관없는 인간적인 관심의 표현이었을 뿐이다. 도시락을 핑계로 당장 뭘 어떻게 할 수 있는 것도 아니었다. 해법을 찾아 골몰하던 차에 반가운 전화가 왔다. 주 대표였다.

"서유진 팀장, 퇴근 후 약속 없으면 이곳에 올 수 있어요?"

주 대표를 비롯한 몇몇 여성 기업인들이 뜻을 모아 '여성 리더의 성장을 위한 컨퍼런스'를 개최한다고 했다. 유진은 흔쾌히 수락했다. 안 그래도 주 대표와 의논하고 싶은 일이 있었다.

"서 팀장, 여기!"

주 대표는 로비에서 유진을 기다리고 있었다. 유진을 발견하자마자 목에 참석자를 표시하는 목걸이부터 걸어줬다. 주 대표의 안내를 받아 유진은 행사장 안으로 들어갔다.

첫 번째 발표자의 발표가 한창 이어지고 있었다. 모니터에는 제목이 표시돼 있다. '최고의 여성리더로 가는 길'이었다. 발표자는 여성들의 유연함과 섬세함, 그러면서도 어머니 같은 강인함이 회사 내에서 큰 역할을 할 수 있으며, 그 인식을 기업 전체가 공유해야 한다고 말했다.

다음 발표자는 연단에 올라서자마자 통계 수치부터 말했다.

 "육아 문제로 인해 경력을 포기하고 전업주부가 된 여성들이 매년 늘어나고 있습니다. 기혼 여성 5명 중 1명은 육아로 경력단절여성이 되는 추세입니다. 통계청에 의하면 결혼, 임신과 출산, 육아, 초등학생인 자녀 교육 때문에 직장을 그만 둔 기혼여성은 200만 명입니다. 일과 가정의 균형을 잡을 수 없는 사회적 상황이 여성의 사회참여 중단이라는 현상으로 나타나고 있습니다. 더 심각한 것은 이렇게 삶의 균형이 잡히지 않는 상황은 결국 노후불평등으로까지 이어지게 되어 평생 불균형에서 헤어 나오지 못하게 된다는 것입니다."

 유진은 PT 자료에 밑줄까지 그어 가며 집중했다.

 컨퍼런스를 마치고 주 대표와 저녁을 먹었다. 식탁에는 통영에서 직접 공수해왔다는 대구로 끓인 해물탕이 보글보글 끓고 있었다. 유진은 입맛이 없어서 빈 젓가락만 밥상 위로 몇 번 왔다 갔다 할 뿐이었다.

 "주 대표님, 실은 의논드릴 일이 있어요. 저야말로 의사결정과정에서 배제되고 있어요."

컨퍼런스에서 발표자의 PT를 듣는 내내 유진은 마음이 무거웠다.

"그게 무슨 말이에요?"

주 대표가 걱정스런 눈길로 물었다.

유진은 최근 스포츠단 창립이 무산된 일을 털어놓았다. 해법이 좀처럼 보이지 않아 힘들다는 말도.

"회사에서 남성 중심의 조직문화로 인해 여성들이 소외 되는 예는 비일비재해요."

"오늘 컨퍼런스에서도 의제로 다루더군요. 그 부분이 언 급됐을 때 좀 더 귀 기울여 듣게 되더라구요. 남성 중심의 문화가 있듯 여성을 위주로 하는 문화도 공존해야 한다는 말이 와 닿았어요. 사회적 여건을 여성에게도 맞출 필요가 있다는 말도요."

여성의 내면적 성숙과 업무적 능력도 중요하지만, 그것 을 정당하게 평가받을 수 있는 사회적 배려가 부족하다는 건 유진도 평소 많이 느끼던 바였다. 하지만 막상 현실의 문제로 옮겨오자 해결책을 좀처럼 찾을 수 없었다.

"여성적인 방법으로 문제를 풀어나간다는 것이 구체적으로 무엇을 뜻하는 건지 모르겠어요."

유진은 고민을 털어놓았다.

"유진 씨, 여성들만의 문화라고 해서 단순히 여성스러운 문화를 직장으로 옮기는 것일까요?"

유진은 얼마 전 도시락을 김 부장에게 건넸던 일을 떠올렸다. 비록 얼떨결에 그렇게 된 것이긴 하지만.

"실은 도시락을 싸드린 적이 있어요. 김 부장님에게요."

"그랬군요. 그래서 김 부장의 반응은 어땠나요?"

"저를 대하는 모습이 이전과는 다르게 한결 부드러워지신 것 같아요."

그날 김 부장은 퇴근길에 유진에게 빈 도시락 통을 건네주며 봉투를 하나 내밀었다. 아이들 소풍 도시락을 얻어먹었으니 맛있는 것을 사다 주라고 했다. 사양해도 한사코 물리지 않았다. 중년의 남자들이 고마움을 표시하는 투박한 방식이었다. 그 투박한 손길에서 유진은 김 부장의 진심을 조금이나마 읽을 수 있었다.

"분명히 좋은 변화네요. 인간적인 호의를 서 팀장 쪽에서 먼저 보이고, 더불어 그쪽의 호감을 이끌어냈다는 것은 분명 좋은 조짐이라고 할 수 있죠. 하지만 조직 내 의사결정과정에서 소외되었다는 본질적인 문제가 해결되었나요?"

"아니요. 아직은⋯."

김 부장은 여전히 유진의 의견을 묻지 않거나, 의견을 듣고도 적극적으로 반영하지 않았다.

"인간적인 호의는 일을 추진하는 데 분명 필요한 일이에요. 인간적 호의가 전제되면 확실히 더 좋은 결과를 얻을 수도 있어요. 어쩌면 비즈니스의 필수 요소로 꼽을 수도 있어요. 그런 의미에서 지난번 김 부장에게 인간적으로 다가가라는 충고를 한 것이었어요. 하지만 인간적 호의와 업무는 엄연히 다른 영역이란 건 부인할 수 없죠. 특히 이번 일 같은 경우에는요."

주 대표는 정곡을 찔렀다.

"지금 서유진 팀장에게 필요한 것은 집중력과 추진력이에요. 집중력과 추진력에 여성다움, 남성다움이 따로 있을까요? 오직 일에 몰두하는 사람만이 있을 뿐이에요. 한 사람의 인간으로 배려받고 자신만의 일에 몰두할 수 있는 직장 문화, 그것에 여성다움, 남성다움이 따로 있을 수 없다는 말이죠."

"여성적인 방식으로 문제를 풀어나가야 한다는 말과는 어떻게 다른 건지 모르겠어요."

유진은 갸우뚱했다. 여전히 아리송했다.

"제가 말하는 여성적인 문화는 이런 거예요. 상황을 인식하는 관점이 여성들이 남성들보다 더 성숙하고 긍정적인 방향으로 보기 때문에 40세 이후부터는 여성들의 리더십이 남성보다 더 잘 발휘하게 된다는 말 들어본 적 있어요? 대체로 여성들이 남성들보다 업무피드백을 꾸준히 받을 수 있고 그 피드백을 포용하고 공감해서 업무에 반영한다는 거예요. 섬세한 공감 능력은 상대를 설득하는 데도 유리하게 작용하죠. 또한 여성들이 육아에서 얻은 경험으로 같이 일하는 사람들에게 영감과 동기부여를 해 준다고 해요. 비판을 받을 수 있는 여유, 팀원들을 협력으로 이끌고 공감과 포용력으로 이끄는 리더가 현대사회에서 필요로 하는 진정한 리더의 모습이죠. 이런 여성적인 문화를 남성적인 문화에 합쳐 나가야 한다는 거예요. 여성다움, 남성다움을 합친 제3의 창조적인 문화가 필요하다는 뜻이었어요. 현재의 직장문화는 여성적인 문화가 배제된 상황이라고 할 수 있으니까요. 배제가 아닌 통합, 통합을 넘어 창조가 필요하단 뜻이에요."

주 대표는 이제부터 유진이 헤쳐 나가야 할 과정 속에서 그것이 만들어질 수 있다고 덧붙였다.

"지금 제게 필요한 게 무엇인지 알았어요. 여성적인 리더십을 발휘해 포용과 협력을 적극적으로 끌어내야 한다는 생각이 드네요. 사람들과의 관계 속에서 위축되지 않고 정식 절차를 밟아 정면 승부하는 것만이 확실한 해결책인 거 같아요. 그 과정에서 포용과 협력은 반드시 필요하구요."

"맞아요. 저도 같은 생각이에요."

주 대표가 식탁 위 빈 그릇들을 깔끔하게 포개놓았다.

"솔직히 털어놓고 나니 주 대표님과 더욱 가까워진 느낌이 들어요."

"나도 그래요. 남자들이 사우나에서 나누는 이야기를 여자들은 이렇게 밥상 앞에서 나누게 되네요."

"그런가요? 그리고 보니, 남성 중심의 문화와는 확실히 다른 것 같네요. 하.하."

유진은 오랜만에 소리 내 웃었다. 조금 숨통이 트이는 것 같았다.

포용과 협력의 기술

아침에 출근하자마자 유진은 경영지원실 박진아 과장을 찾아갔다. 그룹 경영지원실은 그룹 내 중요 결정사항이 모두 수렴되는 곳이다. 의사결정의 뒷이야기까지 들으려면 경영지원실보다 적당한 곳은 없었다. 신입사원 시절부터 서로 의지를 했던 터라 진아는 유진의 일이라면 적극적으로 도왔다. 그건 유진 역시 마찬가지였다. 입사 동기였던 여직원들이 하나둘 퇴사하고 여자 동기는 단둘이 남았다. 남자 동기들과 다른 면이 있다면 업무 뿐 아니라 정서적으로 유대가 더 끈끈하다는 점일 것이다. 둘은 회사일 뿐 아니라 퇴근 후에 가끔 쇼핑도 함께했다. 회사 내 정보 공유는 물론 결혼과 육아의 사적인 영역까지, 둘은 경계를 짓지 않고 마음을 나넜다.

"스포츠사업단은 회장님의 특별 관심 분야기도 해. 임원들이 모여 사석에서 이야기를 나누는 자리에 우연히 마케팅 사업부 김 부장이 합석하게 됐나 봐. 그 자리에서 스포츠사업단 이야기를 꺼냈다고 들었어. 회장님이 웬일인지 회의적인 반응을 보이신 거지. 김 부장은 정 상무한테 들은 이야기도 있고 해서, 회장님께 확실히 눈도장을 받으려 했다가 헛발질 한 셈이 된 거고."

"왜 갑자기 마음이 바뀌신 거야?"

"실은 계열사 사장단 모임이었는데 예산 감축이 화제에 올라 있었거든. 김 부장이 갑자기 수십억 원의 재원이 들어가는 스포츠사업 이야기를 꺼냈으니 타이밍이 안 좋았던 거야. 차근차근 수치를 들어 근거를 제시해야 했는데 마음이 급했던 거지. 아마 인정받고 싶었던 거겠지."

지난번 정 상무와의 자리에서 유진에게 한 방 맞았다고 생각한 김 부장이 마음이 급했던 모양이었다. 인간적으로 이해는 갔지만 섣부른 행동이었다. 하지만 인간적인 호불호를 따지고 있을 때가 아니었다.

"그런데 유진아, 그거 알아? 회장님이 농구광이시란 거?"

회장님이 농구광? 진아는 미처 몰랐던 정보를 귀띔해 주었다.

"회장님 장손녀가 학교 농구팀에 들어가 있잖아. 회장님이 학교 농구팀에 유니폼과 부품을 사비를 들여서 지원해주고 계시다구. 최근 S백화점에서 스포츠용품 관련 부서를 따로 만든 것도 아예 관련이 없다고 할 수 없지."

진아의 말을 들으며 유진은 차츰 사업 계획서 방향이 정리되는 것 같았다.

"백화점뿐 아니라 할인점도 관련성을 무시할 수 없겠네. 그룹 내 스포츠 관련 부서와 적극적으로 협력을 모색해 수익사업 창출에 초점을 맞춰 제시하면 승산이 있겠어."

"바로 그거야! 서유진 팀장, 이번에도 한 건 하겠는데?"

"회사 자금사정은 어때?"

유진의 질문에 진아는 망설임 없이 대답했다.

"할인점 사업부문 매출이 상승국면으로 전환됐고 중국 유통 사업 진출이 성공적으로 이뤄졌다는 평가야. 거기에 우리 서유진 팀장의 혁혁한 공도 있잖아?"

진아가 눈을 찡긋했다. 몇 달 전 중국 정주시 한국관에 S 그룹 IT 제품을 독점 공급하기로 체결한 계약 건을 말하는 것이다. 공식적으로 광고팀의 성과는 아니었지만 사내 통신 망을 통해 계약 성사 비하인드 스토리가 퍼져 알 만한 사람 들은 유진의 활약을 알고 있는 상황이었다.

"서유진 팀장, 이대로 물러날 거 아니지?"

진아가 유진의 등을 툭툭 두드렸다.

경영지원실에서 돌아온 유진은 금 대리와 민 주임을 회의 실로 불렀다. 지금까지 준비했던 기획안을 처음부터 다시 검 토하고 수정방향을 논의했다. 이제부터 정면승부를 해야 했 다.

이틀 후, 유진은 스포츠사업단 기획안을 들고 김 부장의 방으로 갔다. 이번엔 김 부장을 설득할 차례였다.

"스포츠사업단 창단 계획서입니다."

김 부장은 기획안을 들춰볼 생각조차 하지 않았다.

"자네, 내가 한 말 귓등으로 들었나? 내가 분명히…."

"알고 있습니다. 다시 한 번 검토를 부탁드립니다."

유진은 물러서지 않았다. 언젠가부터 김 부장 앞에 서면 눈치를 보던 유진이 아니었다. 어느 때보다도 집중력과 추진력을 가지고 준비했던 사업이다. 끈질긴 집념이 유진을 밀어붙이고 있었다.

"그래? 한 번 보기나 하지."

김 부장은 헛기침을 하더니 기획안을 펼쳤다. 조목조목 항목별로 스포츠사업단 창단이 가져올 수 있는 기대 효과와 매출에 대해 정리돼 있었다. 대충 읽어 내려가던 김 부장이 점점 몰입하는 게 느껴졌다. 김 부장으로서는 스포츠마케팅을 통한 마케팅 사업부의 영향력 확대가 무엇보다 구미가 당기는 일일 것이다. 스포츠사업단이 따로 설립되면 사내 일자리 창출의 효과도 기대됐다.

"잘 정리돼 있군. 이걸 어떻게 설득할 거냔 문제가 아닌가?"

김 부장은 여전히 유진의 존재가 껄끄러웠다. 부하직원이 제안한 일을 자신이 제안한 것처럼 가로채서 정 상무 앞에서 무안한 꼴을 당했다. 조급한 마음에 회장님께 직접 제안했지만 말을 꺼내지 않는 편이 좋았다. 하지만 서유진 팀장의 제안은 확실히 설득력이 있었다. 유진은 그런 김 부장의 마음속이 훤히 보이는 것 같았다. 주 대표가 말한 여성의 공감능력은 이런 것을 말하는 것인지도 모른다. 이제 상대를 협력으로 끌어내야 했다.

"김 부장님, 지난번 경영전략회의에서 사업을 제안했을 때와는 다릅니다. 지난번에는 아이디어 차원이었다면, 이번에는 정식 절차를 밟아 진행하려고 합니다. 게다가 정 상무님이 정식 기획안을 올리라고 하셨는데 기획안조차 올리지 못한 상태입니다."

안 그래도 김 부장도 정 상무가 마음에 걸리던 차였다. 정 상무를 건너뛰고 곧바로 회장님께 말씀드렸다가 사업이 무산 됐으니 뭐라고 설명할 명분이 필요했다. 정식 기안을 올려 사업이 무산되면 정 상무도 더는 김 부장에게 책임을 묻지는 않으리라.

"흐음…. 그렇지. 처음부터 정식 절차를 밟아 기안을 올렸어야지. 하지만 회장님이 이미 물리신 사안이라 괜히 곤란한 일을 만드는 게 아닌지 모르겠네."

"제게 맡겨주십시오. 회장님께 직접 말씀드리겠습니다."

유진이 자신 있게 말했다.

김 부장이 호기심 어린 눈으로 유진을 바라봤다. 어디서 저런 배짱이 나온단 말인가. 여자라고 내심 무시했던 게 뜨끔할 지경이었다. 김 부장은 서 팀장의 말대로 해보기로 했다. 김 부장으로서는 손해될 게 없었다. 정식 절차를 밟으면 기획안에 김 부장의 결재도장이 찍힐 것이다. 만일 일이 실패했을 땐 한 발 빠져 있으면 된다.

"그럼 진행해 보게."

"예."

돌아서는 유진을 보고 있자니 김 부장은 지난번 맛봤던 김밥과 유부초밥이 입안에 맴돌았다.

"손맛이 좋은 사람이니, 일도 야무지게 하겠지…."

회전의자를 빙글 돌리며 김 부장은 저도 모르게 입맛을 다셨다.

과거가 현재의 조력자가 되다

유진은 정 상무와 함께 IT계열사 신제품 발표회에 참석했다. 신제품 발표회는 계열사에서 독립적으로 진행하기 때문에 그룹 마케팅 사업부와 직접적인 관련은 없었다. 하지만 아주 접점이 없는 것도 아니었다. 정 상무까지 대동한 것은 유진이 올린 기안을 김 부장이 정 상무에게 결재를 받는 과정에서 이루어졌다. 정 상무도 스포츠사업단 창단이 본격적인 논의도 해보기도 전 석연치 않은 일로 무산된 것을 안타깝게 여기고 있던 차였다. 정 상무는 유진과 함께 IT신제품 발표회 참석을 위해 기꺼이 스케줄을 조정했다.

신제품 발표회에는 미래 스마트홈 시장을 좌우할 혁신적인 제품들이 전시돼 있었다. S그룹 신 회장은 스마트TV의

기능을 직접 시연하며 관계자의 설명을 듣고 있었다.

정 상무는 신 회장에게 다가가 유진을 소개했다.

"회장님, 그룹 광고팀 서유진 팀장입니다. 정주시 한국관에 S그룹 IT제품을 독점 공급 계약이 성사될 때 큰 역할을 했습니다. 이번 새로 개발된 스마트TV도 중국 내 반응이 크게 기대됩니다."

"아, 자네가 바로 그 서유진 팀장인가?"

신 회장은 바로 유진을 알아보았다. 곁에 있던 IT계열사 박 대표도 유진을 반겼다.

"맞습니다. 회장님, 서유진 팀장은 저희 계열사에 있을 때부터 활약이 대단했습니다. 그룹 마케팅사업부로 전출돼서 여간 서운하지 않았는데, 기대하지 않았던 곳에서 결정적인 역할을 해줘서 여간 고마운 게 아닙니다. 평소 추진력과 집중력이 대단해 저도 혀를 내두를 정도였습니다."

박 대표가 뜻하지 않은 곳에서 힘을 실어주니 여간 고마운 것이 아니었다. 박 대표는 유진이 IT계열사 개발팀에 근무했을 때부터 두터운 신뢰를 보였다. 둘째를 가진 뒤 육아 휴직을 신청했을 때 여간 아쉬워한 게 아니었다. 휴직을 마치고 꼭 같은 자리로 복직하라고 신신당부했을 정도였다.

"그룹 마케팅사업부에서 일하고 있다고? S그룹 이미지가 자네 손에 달렸군그래."

신 회장이 유진에게 손을 내밀어 악수를 청했다. 유진은 신 회장의 손을 잡았다.

"네. 회장님. 요즘 여자농구팀 스포츠사업단을 추진하고 있습니다."

유진은 이때다 싶어 말을 꺼냈다.

"아, 그 일이라면 없던 일이 된 거 아닌가?"

신 회장이 시큰둥한 반응을 보였다.

"신제품을 개발하기 위해서는 수십 번, 때로는 수백 번의 실패가 필요합니다. 그리고 그 실패보다 더 많은 시도가 필요합니다. 스포츠단 창단은 S그룹이 처음으로 시도하는 새로운 사업 분야입니다. 정식으로 논의조차 해보지 않는다면 잠재된 성장 동력을 그대로 버리는 것과 마찬가지라고 생각합니다. 저희가 제안하는 마케팅 솔루션에 집중해 검토해 주셨으면 합니다."

유진은 차분하게 설명했다.

"그래?"

신 회장은 긍정도 부정도 하지 않았다.

"지난번 중국 출장에서도 느낀 점입니다만, 중국 내 농구의 인기가 대단합니다. 중국 국가대표는 아시아 최고의 농구팀이라는 자부심이 대단합니다. 야오밍을 비롯해 많은 선수들이 미국NBA에서 실력을 증명했습니다. 중국 자국 리그는 많은 팬 층을 확보하고 있습니다. 팬이 많다는 것은 시장성이 무궁무진하다는 것입니다. 정주시 뿐 아니라 중국 내 속속 한국관이 개관될 예정이라고 알고 있습니다. 친선 농구 경기를 주선하는 것도 중국 내 S그룹 인지도를 올리는 데 좋은 아이디어가 될 수 있을 것 같습니다. 마케팅 다변화 시대에 S그룹이 농구팀을 운영하는 것은…."

신 회장은 최근 중국 사업진출에 관심이 많았다. S그룹의 장기 성장 전략도 중국 시장의 성패에 달려 있었다. 유진은 신 회장의 관심 분야에 맞춰 설득했다. 공감의 포인트를 찾아 집중적으로 공략한 것이다.

정식 프레젠테이션 못지않게 열정적으로 말하는 유진을 보며 신 회장은 호탕하게 웃었다.

"알았네, 알았어. 알았다고 하지 않으면 이 자리에서 밤새도록 말할 기세구만그래. 추진력과 근성이 대단해. 여기 정 상무와 박 사장까지 서유진 팀장의 든든한 지원군으로 나섰으니 한 번 긍정적으로 검토해 보겠네. 정 상무, 월요일 회의 때 정식으로 기안 검토하지. 농구라면 나도 일가견이 있으니 그리 호락호락하진 않을 걸세. 허.허."

"네. 회장님." 곁에 있던 정 상무가 남몰래 유진을 향해 엄지를 치켜들었다.

균형잡힌 리더

: 리더십을 디자인한다는 것

리더십이란 하나의 고형물로 존재하는 것은 아니다. 누군가에게 배워서 그대로 실천할 수 있는 것도 아니다. 누군가가 정리해 준 리더십의 몇 가지 요소들을 잘 기억했다고 하더라도 그것을 실행하는 순간에는 각자 자신에게 맞는 스타일로 나타나게 마련이다. 내가 경험한 내 인생 스토리가 지닌 의미, 내가 사물을 보는 시각, 내가 되고 싶은 사람의 특징, 내가 만들어 나가는 공간을 담아 내 방식의 리더십으로 표현된다. 그 속에 내 삶이 균형 있게 들어가 있어야 리더십이 지속되고 강화될 수 있다. 나는 어떤 삶의 주인공이고 싶은가. 내면의 목소리를 정갈하게 걸러내어 나의 리더십에 지속적으로 반영하고 싶다면, 리더십 디자인에 균형 있게 나를 담아내자. 내가 추구하는 핵심가치와 목적의식은 매순간 조금씩 변화하면서 나의 성장을 알린다. 어제보다 나은 가치인식을 하고 있는가, 나를 둘러싼 사람들에게 성장하는 내 모습을 리더십에 담아 보여주고 있는가. 우리는 매일 리더십을 리디자인하면서 살아간다.

제 5단계

나누는
리더

무화과 열매

모처럼 휴일이다. 일주일에 이틀, 아이들은 학교에 안 가도 되고 직장인은 회사에 가지 않아도 된다. 워킹맘에겐 휴일이 없다. 하지만 어쩌다 보니 유진에게도 휴일이 생겼다. 아이들은 체험 학습을 갔고, 시어머니는 그 며칠 동안 친척집에 다니러 가셨다. 유진은 혼자 집에 남았다.

어젯밤 남편에게서 전화가 왔다. 그는 선배의 오피스텔에서 먹고 자면서 일에 몰두하고 있었다. 남은 열정을 아낌없이 새로운 일에 쏟아부으면서 실패의 충격을 견디고 있는 거 같았다. 지금 남편에겐 일이 전부였다.

"당신이 필요해. 집에 돌아와 좋아하는 책도 읽으면서 여유를 가져봐."

유진은 긴 통화를 하며 남편을 설득했다. 남편은 좀처럼 받아들이지 않았다. 지금이 중요한 때라는 말만 반복했다. 그에겐 시간이 더 필요해 보였다.

유진은 집을 나섰다. 집안에만 있으면 종일 남편 생각이 떠나지 않을 것 같았다. 유진은 시 외곽으로 차를 몰았다. 작은 연립주택 단지로 들어선 유진은 오래된 계단을 올라가 벨을 눌렀다.

"아이고, 니가 어쩐 일이냐. 어서 들어와라."

어머니다. 명절날 찾아뵙는 것 외엔 좀처럼 들르지 않으니 어쩐 일이냐는 말이 나올 법하다. 두 분께는 집안 사정을 알리지 않았다. 괜한 걱정이 될 터였다.

"그냥 왔어요. 보고 싶어서요."

말은 그렇게 했지만 실은 잠시라도 부모님의 얼굴을 보면서 심란한 마음을 가라앉히고 싶었다.

"여보! 우리 유진이 왔어요."

어머니의 들뜬 목소리에 아버지가 안방에서 나왔다. 아

버지 얼굴의 주름이란 주름은 모두 평온한 곡선을 그리고 있다. 아버지는 아무 말도 않고 거친 손으로 유진의 손을 잡아끌었다.

"어디, 아픈 데는 없고?"

아버지는 딸을 보자마자 걱정거리부터 찾았다.

"아뇨. 그냥 뵈러 온 거예요. 아버지 당뇨는 어떠세요?"

아버지는 10년 넘게 당뇨 때문에 고생이다. 인슐린 주사를 맞을 정도는 아니지만 식단에 신경 써야 했다. 요즘 아침마다 동네 산에 오르고 집에 돌아오는 길에 재래시장에 들러 신선한 야채와 과일을 사 들고 돌아오신다고 했다. 아버지는 관절이 좋지 않은 어머니 대신 요리도 도맡아 한다. 딸이 가까운 곳에 살면서 반찬거리라도 챙겨드리면 훨씬 편하실 텐데…. 유진은 아버지의 얘기를 듣는 동안 마음이 편치 않았다.

"아버지, 자주 못 들러 죄송해요."

"그런 말마라. 우린 네가 그렇게 좋은 회사에서 열심히 일하는 것만으로도 흐뭇하고 좋다. 애들도 잘 크고 있지? 박 서방 사업은 잘되고? 시어머니도 건강하신가?"

딸이 아무 일 없다고 하자 이번엔 딸의 식구들 걱정거리를 찾았다. 아버지는 평생동안 걱정을 안고 살았다.

"우리 아버지, 바다에 나가 계실 때는 걱정 좀 덜 하셨을까? 거긴 식구들이 없는 데니까요."

하늘도, 바다도 푸른 그곳에서 젊은 시절을 보낸 아버지, 그곳에 있었을 때만큼은 걱정에서 벗어날 수 있었을까. 유진은 걱정 그칠 날이 없는 아버지만 생각하면 마음이 아팠다.

"웬걸? 눈에 보이지 않으니까 더 걱정이 많았지. 니 엄마 몸이 워낙 약했어야지. 어린 너도 걱정이고. 집에 무슨 일은 없는지, 온 종일 집 걱정이었지."

"너희 아부지, 택시 기사를 할 때도 점심은 늘 집에 와서 드셨잖니. 내가 약을 제때 먹나 눈으로 봐야 한다면서. 빈 냄비를 차에 싣고 다니면서 기사식당에서 찌개며 제육볶음이며 사다 나르셨잖니."

어머니가 주방에서 나오며 부녀의 대화에 끼어들었다. 어머니의 손엔 말린 과일 접시가 들렸다.

"유진아, 이거 먹어봐. 아버지가 몸에 좋다고 어제 사 오신 건데 맛이 희한하다."

말린 무화과였다.

"아버지, 바다가 사나운 날도 많았을 텐데…, 어떻게 그 바다를 헤치고 늘 무사히 집으로 돌아오셨어요? 아버지만의 특별한 항해 기술이 있으셨어요?"

말린 무화과를 집으며 유진이 물었다. 거친 바다에서도 집 걱정을 하고 있었을 아버지, 아버지에게 삶의 균형이란 '바다와 육지'였을까? '아내와 남편', 혹은 '아내와 딸'이었을지도 몰랐다. 지금 인생 어느 때보다 험한 파도 속에 있는 유진은 아버지의 항해 기술을 알고 싶었다.

"누구든 바다에 한 이틀만 나가보면 알게 된다. 바다는 인간이 어떤 기술을 쓴다고 해서 통하는 곳이 아니야. 날씨도 도와줘야 하고 하다못해 작은 물고기도 도와줘야 건널 수 있는 게 바다야. 항해 지식이란 게 별것 없다. 그저 돌아가야 한다는 생각만 하면서 몸뚱이로 부딪혀 건너는 것이지."

아버지의 거친 항로의 끝은 늘 집이었다. 아버지에게 '집'은 삶의 균형추였다. 양팔 저울의 한쪽에 놓을 수 있는 것이 아니었다. 언젠가 남편도 그것을 깨달을 날이 올까. 유진은 쫄깃하고 달큰한 무화과를 오래오래 씹었다.

자기 정체성은 하나가 아니다

주 대표에게서 만나자는 연락이 왔다. 매번 유진 쪽에서 조언을 구하러 찾아가곤 했는데 주 대표 쪽에서 먼저 연락이 오니 유진은 반갑기도 하고 궁금하기도 했다. 유진은 전화를 받은 그날 오후 바로 주 대표를 찾아갔다. 지난번 만났던 사직동 커피숍이었다.

"시간 날 때 천천히 봐도 되는데…."

주 대표가 커피숍 문을 열고 들어오며 반갑게 말했다. 코트자락에서 찬바람이 일어났다.

"이 근처에 협력업체 방문할 일이 있어서요. 지나가다 들렀어요. 무슨 일인지 너무 궁금해서 기다릴 수가 있어야지요."

유진이 자리에서 일어나 주 대표를 맞았다. 어깨에 떨어진 노란 은행잎을 주 대표가 주워주던 때가 엊그제 같은데 벌써 겨울로 접어들었다. 그 몇 달 사이, 유진에겐 많은 일이 일어났고 또 많은 것이 해결됐다. 주 대표의 도움이 없었다면 아직도 허우적대고 있었을 것이다.

"지난번 만나서 했던 얘기들은 다 해결됐어요?"

"얼마 전 경영전략회의에 정식으로 안건으로 올려서 논의됐어요. 다행히 긍정적인 결론을 얻었구요. 이게 다 주 대표님이 격려해주신 덕이에요."

유진은 연말까지 광주 연고를 둔 여자 농구단을 인수하기로 했으며, 김 부장은 조만간 새로 만들어지는 스포츠사업단으로 자리를 옮기게 될 것 같다는 말도 전했다.

"잘 됐어요. 서유진 팀장의 원래 모습으로 완전히 돌아왔군요. 에너자이저가 다시 부활한 것 같네요."

진심으로 기뻐하는 주 대표의 모습에 유진은 그동안 심장을 뒤덮었던 살얼음이 갈라지는 것 같았다.

"실은, 한 가지 더 말씀드릴 일이 있어요."

유진은 동기인 진아에게도 차마 말하지 못한 것을 털어놓았다. 남편의 사업실패와 벌써 몇 달째 남편이 집에 돌아오지 않고 있다는 얘기였다.

"그런 일이 있는 줄 몰랐어요…."

주 대표는 전혀 짐작하지 못했다고, 오히려 미안해했다.

"누군가에게라도 이야기를 하고 싶었어요. 제가 생각했던 것 보다 저 자신이 많이 지쳐 있었나 봐요."

유진의 목소리에 쓸쓸함이 묻어났다. 주 대표는 오랜 시간을 들여 유진의 이야기를 다 들어주었다. 주 대표 역시 지난날 부도의 아픔을 겪은 적이 있다고 했다.

"집으로 돌아오라고 남편을 설득해봤어요?"

유진은 그렇다고 대답하려다가 주저했다. 집으로 돌아오라고 말은 해봤지만 그것이 충분했다고 말할 자신이 없었다.

"혹시 자기 정체성을 다양화해야 한다는 말, 들어봤어

요?"

"자아 관념에 관한 말씀은 들려주셨잖아요. 변화하는 환경과 주변 사람들에게 영향을 받으며 끊임없이 새로운 모습으로 변화해야 한다는 말씀이요. 정체성을 다양화한다는 말은 생소하네요."

주 대표의 조언 덕에 유진은 지난날 자신의 모습과 현재 자신의 모습을 객관적으로 볼 수 있었다.

"현대 사회는 다양성의 사회이기도 하죠. 어느 한 분야에 몰두해서 자신의 정체성을 찾으려 할 경우, 실패 후에 오는 상실감은 견디기 어려워요. 직장인으로서의 만족감, 엄마로서의 만족감, 혹은 동호회 안에서의 만족감이 모두 공존하는 거예요. 어느 것 하나에 모든 것을 건다는 건 무모하고 그만큼 위험하죠."

주 대표의 말을 들으며 유진은 곰곰이 생각했다.

"남편이 전보다 더욱 위태로워 보였던 이유를 이제야 알 것 같아요. 그는 지금 사업에 모든 것을 걸고 있거든요. 한

가지 영역에서의 실패가 그 사람의 전부가 아니란 말을 꼭 해줘야겠어요."

주 대표가 고개를 끄덕이며 테이블 너머로 팔을 뻗어 유진의 손을 꼭 잡아주었다.

"그런데 주 대표님, 하실 말씀이 있다고 하셨잖아요."

유진은 주 대표가 무슨 일로 자신을 불렀는지 몹시 궁금했다.

"실은, 지금 참여하는 봉사 단체가 있는데 서 팀장이 함께 참여할 수 있을까, 물어보려고 연락한 거예요. 유진 씨가 그런 일을 겪고 있는 줄도 모르고….'

"봉사 단체요?"

"친하게 지내는 지인들과 함께 몇 년 전부터 '아트 워크'라는 단체에 참여하고 있거든요. 다문화가정과 장애우 같은 소외 계층에게 다양한 문화와 예술을 접할 수 있도록 돕는 단체예요. 연말에 행사가 집중되다 보니 갑자기 일손이 모자라요. 서 팀장의 친화력과 추진력이라면 너끈히 해내고도 남을 일이라고 생각했어요."

"정말 좋은 취지네요. 저도 당연히 참여하고 싶어요. 하지만 의욕만 앞서서 선뜻 돕겠다고 했다가 몇 번 참여하지 못하게 되면 오히려 폐를 끼치게 될까 걱정이에요."

유진은 주 대표의 말을 듣는 순간 더 생각할 필요도 없이 선뜻 승낙하고 싶었다. 궁지에 몰리고 보니 어려움에 처한 사람의 심정을 조금이나마 알 것 같았다. 그들을 돕고 싶었다. 하지만 시간이 허락될지 자신할 수 없었다. 늘 회사와 가족에게 매여 있는 형편이니.

주 대표는 그런 걱정은 하지 말라는 뜻으로 고개를 가로저었다.

"우선 이번 연말 행사만 참여해 봐요. 미리 일정 기간을 정해서 참여하고 싶다고 단체에 말해두면 돼요. 나눔은 평생 해야 하는 의무가 아니에요. 처음부터 너무 부담스럽게 여기지 말고 작은 것부터 단기적으로 실행하는 것도 좋아요. 단기간이라도 서 팀장이 도와준다면 우리로선 대환영이랍니다."

그런 방법이 있다면 안심이다. 유진은 흔쾌히 돕겠다고 했다. 주 대표는 그제야 유진에게 봉사단체 참여를 권했던 속뜻을 말했다.

"나도 한때 사회생활에 모든 것을 걸었던 때가 있었어요. 늘 성공 가도를 달렸던 건 아니에요. 성취의 순간은 짧고 오히려 반복된 좌절의 시간이 더 길었죠. 그 과정에서 자존감은 서서히 무너졌어요. 그러다 우연히 봉사 단체에 참여하게 됐는데 그제야 알게 된 거예요. 나를 꼭 필요로 하는 사람들이 있구나, 나도 세상에 필요한 사람이구나. 자존감을 되찾게 된 거죠. 자존감을 되찾은 후엔 다른 사람들에게 더욱더 손을 내밀게 되더라구요. 인간이 가장 만족할 때는 자신이 누군가와 무엇을 나눌 수 있는 존재란 걸 깨달을 때란 말, 저에겐 체험으로 와 닿은 말이었어요."

늘 해법을 알고 있을 것 같은 주 대표도 자존감을 잃어버린 경험이 있었구나. 유진은 주 대표의 또 다른 면을 본 것 같았다.

"유진 씨, 지금은 마음의 여유가 없을 거예요. 어쩌면 일생을 통해 가장 마음의 여유가 없을 때인지도 모르겠어요. 그런 때일수록 그 문제에 매몰되지 말고 다른 곳에서 성장의 기회를 찾아야 해요. 아무리 큰 어려움이 닥쳐도 자존감만 잃지 않는다면 거뜬히 헤쳐 나갈 수 있어요. 전 유진 씨가 나눔의 리더로 성장할 수 있었으면 좋겠어요."

"네, 언제나 힘이 돼 주셔서 고맙습니다."

나눔의 리더십. 나누면서 더 커지는 비결을 아는 사람. 늘 경쟁하느라 지친 삶에서 타인과 나누면서 내면을 채워나가는 삶이 어쩌면 가능할 것도 같았다. 어느새 유진은 이제까지와는 다른 삶을 꿈꾸고 있었다.

가장 빛나는 트로피

한 해를 마무리하는 연말 시상식이 열리는 날이다. 사무실 공기에서 들뜬 기대가 느껴졌다. 그동안 열심히 해서 나름의 성과도 냈으니 은근 팀원들이 수상을 기대하는 눈치였다. 승진을 앞두고 실적이 절실한 금 대리나, 주말에 시간을 내 여성 리더십 캠프에 참여해 자기 계발에 시간을 투자한 민 주임, 그 밖에 정 대리와 다른 팀원들도 은근히 기대감에 부풀었다. 유진도 오랜만에 들뜬 마음을 감출 수 없었다. 시상식 때문만은 아니었다. 지난 주말, 남편이 집으로 돌아왔기 때문이다.

집으로 돌아온 남편은 커다란 짐 가방과 함께였다. 몰라보게 수척해져 있었지만 표정만은 밝아보였다. 남편은 짐을 내려놓자마자 긴 여행을 끝내고 온 것처럼 침대에 누워 거의 이틀 동안 잠만 잤다. 시어머니는 아들이 잠들어 있는 안방에 수시로 드나들며 안색을 살폈다. 보고 또 봐도 안심이 되지 않는다는 듯. 주 대표를 만난 다음 날, 유진은 남편이 머물고 있는 오피스텔로 찾아갔다. 예기치 않은 유진의 등장에 남편은 어지간히 놀란 것 같았다. 거의 석 달 만이었다. 유진은 남편이 내준 차를 마시며 차분하게 남편을 설득했다.

"사업 실패가 모든 것의 실패는 아니야. 성공할 기회는 아직 얼마든지 많아. 적어도 성공한 남편과 아빠, 아들은 될 수 있잖아. 당분간 날 믿어봐. 나 잘해낼 수 있어. 지금까지 잘해온 것처럼. 당신이 재기할 수 있도록 도울게. 우리 처음 만났을 때 약속한 거 있잖아. 서로의 조력자가 되어주기로 한 거."

남편은 묵묵히 듣고만 있었다. 그리고 다음 날 짐을 싸 집으로 돌아왔다. 이틀간 내리 잠을 자고 일어나 다시 말끔한 얼굴로 오피스텔로 출근했다. 막연한 불안감과 사춘기의 모호함에서 허우적대던 아이들은 아빠가 돌아온 후 다시 안정을 찾았다. 오늘 아침, 남편과 아이들이 식탁 앞에 모여 앉아 시어머니가 차려주는 아침밥을 먹는 모습을 보며 유진은 확신할 수 있었다. 길고 어두운 터널을 거의 빠져나오고 있다는 것을.

사무실 직원들 대부분은 사내 메신저에 접속해 있었다. 연말 시상식 결과 때문이다. 올해부터는 시상식 현장에서 발표한다고 미리 공지됐는데도 혹시 힌트라도 있지 않을까, 통신망 이곳저곳을 클릭하는 눈치다. 금 대리, 정 대리, 민 주임 등 광고팀 팀원들도 마찬가지다. 대놓고 말하는 사람은 없어도 사무실 공기가 전에 없이 들뜬 것 같다.

유진은 팀원들과 달리 마음이 복잡했다. 내심 팀 단위로 받을 수 있는 최고의 상, '베스트 팀워크 상'을 기대하고 있지만 가능성은 희박했다. 광고팀이 팀워크를 다잡고 정말 팀다운 팀으로 움직인 건 불과 6개월 정도다. 팀장으로 발

링받은 후 적응기가 다른 때보다 조금 길었던 것이 원인이다.

광고팀이 올해 올린 가장 큰 성과라면 스포츠사업단 창단을 들 수 있었다. 최고경영자회의에서 광고팀이 올린 기획안이 통과되자마자 일은 일사천리로 진행됐다. 금 대리와 민 주임 외에도 광고팀 전체가 매달려도 일손이 부족할 정도였다. 몇 달 후, 스포츠사업단이 성공적으로 출범하자 마케팅사업부의 외연이 눈에 띄게 확장됐다. 내년 김 부장은 사업단으로의 전출을 앞두고 있었다. 그리고 한 가지 더 꼽자면, 광주 S쇼핑타워의 성공적인 광고 전략도 빠질 수 없다. 그리고 또 뭐가 있을까…?

"팀장님, 뭘 그렇게 고민하고 계세요?"

민 주임이다. 민 주임의 시선은 동그라미가 새까맣게 칠해진 유진의 다이어리를 향해 있다. 너무 몰두한 나머지 유진이 들고 있던 볼펜으로 자신도 모르게 낙서를 한 모양이다.

"어, 별거 아냐."

겉으로 상관없는 척했지만 '상'에 연연한 모습을 들킨 것 같아 민망했다.

"부장님이 팀장님 찾으시는데요. 조금 전부터 찾으시는데 못 들으시는 것 같아서요."

민 주임 말에 유진은 그제야 김 부장 방에서 들려오는 소리를 들었다.

"서 팀장! 서 팀장!"

전화로 부르면 될 텐데 직접 부를 정도면 어지간히 급한 일인 것 같았다. 유진은 급히 다이어리를 챙겨 일어났다.

스포츠단 창단 과정에서 김 부장은 유진을 전적으로 신뢰하게 됐다. 유진은 맡은 일에 누구보다 열정적으로 임했고, 몇 차례 난관에도 믿음직하게 일을 처리했다. 상사의 의견을 존중했고, 때론 설득했으며 효율적으로 팀원들의 의견을 조율했다. 비로소 김 부장에게도 유진의 능력이 보이기 시작한 것이다. 그것의 시작은 물론 김밥 도시락이었다. 인간적 호의가 편견을 걷어내기 시작하고, 그 사람의 능력을 제대로 인정하게 했다.

"서 팀장, 지금 당장 상해 중국 지사에 다녀와야겠네. 중국 상해에서 IT제품 박람회가 열리고 있는 거 알지? 거기 S그룹 대형 옥외광고판을 설치한 것을 두고 주최 측에서 계약위반을 걸고넘어지는 모양이야. 관련 서류 챙겨서 당장 날아가게. 우리 회사 부스를 통째로 **빼**라고 압박한다는 연락이 왔어. 법제팀은 이미 현지에 가 있어. 새롭게 광고를 제작하거나 최악의 경우 옥외광고판을 철수해야 하니 서 팀장이 직접 가봐야겠어."

상해 박람회는 향후 중국 시장의 판도를 가름할 중요한 행사다. 경쟁사 부스도 나란히 붙어 있다. 최악의 경우, 부스를 철수한다면 중국 시장 진출에 큰 악재가 될 것이다. 당장 내일 개막이다. 그 전에 해결해야 한다.

유진은 자리로 돌아오자마자 팀원들에게 간략하게 상황을 설명했다.

"금 대리는 관련 서류 챙겨서 출장 준비하고, 민 주임은 가장 빠른 항공편 알아봐 줘요. 나머지 사람들은 국내에서 피드백 잘 해주고, 금 대리와 내가 추진하던 업무는 각자 나눠서 처리해 주세요."

유진의 말이 떨어지자마자 팀원들이 각자 흩어져 일사불란하게 일을 처리하기 시작했다.

"팀장님, 가장 빠른 비행기는 오늘 오후 4시랍니다."

민 주임이었다. 모니터에는 항공사 인터넷 검색창이 열려있다.

"어서 예약해. 금 대리, 4시 출발 가능하겠지?"

"네 팀장님, 관련 사업부에서 사실관계를 확인하고 서류를 챙겨 오후 2시까지 인천 공항으로 가겠습니다."

금 대리가 빠른 걸음으로 IT 사업부를 향해 가며 말했다.

"정 대리, 박람회 계약서 이메일로 부탁해. 그리고 비슷한 케이스를 조사하는 것도 잊지 말고. 민 주임은….."

"팀장님, 이곳 업무는 걱정하지 마시고 어서 출발하세

요."

민 주임의 말에 유진은 미소로 대답을 대신했다. 광고팀은 이미 팀장 한 사람의 지시에 의해서 운영되는 팀이 아니란 것을. 어느새 광고팀은 구성원 한 사람 한 사람이 모두 자기 직급에 맞는 결정권을 행사하며 팀워크로 일사불란하게 움직이는 팀이 되어있었다. 유진이 자리를 비운 동안 돌발 상황이 닥쳐도 안심할 수 있다. 굳이 다른 사람이 '상'을 주며 인정하지 않아도 '베스트 팀워크'를 가진 팀으로 손색이 없었다.

"남은 사람들은 업무 잘 챙기고, 급한 결재사항은 이메일로 처리하자고. 모두 파이팅 합시다!"

유진은 팀원들을 향해 엄지를 치켜 보이며 급히 사무실을 나섰다.

"팀장님. 파이팅입니다!"

엘리베이터 안까지 팀원들의 목소리가 들렸다. 그 힘찬 목소리가 유진에게는 어떤 트로피보다 빛나는 보상이었다.

다시, 버드아이뷰

집에 들러 급히 짐을 챙겨 나와 공항으로 향하는 길에 유진은 전화를 받았다. 민 주임이었다.

"팀장님, 우리 팀이 베스트 팀워크 상에 선정됐어요! 지금 막 발표됐어요!"

주변에는 환호성이 가득했다. 연말 시상식이 한창 진행 중인 것 같았다. 장내 아나운서의 목소리가 섞여들었다.

"정말이에요? 정말 우리가 베스트 팀으로 선정됐어요?"

뜻밖의 소식에 유진도 흥분했다.

"방금 발표됐어요. 지금까지 해보지 않았던 새로운 마케팅 분야에서 눈에 띄게 성과를 올렸다고 회장님이 직접 말씀하셨어요. 스포츠단 창단을 두고 말씀하신 거예요. 김 부장님이 팀장님을 대신해 상을 받았어요. 방금 우리 팀원들 한 사람, 한 사람의 이름이 불렸다구요."

유진의 머릿속에 팀원 모두가 달라붙어 아이디어를 내고 기획안을 작성했던 날들이 스쳐 지났다.

"축하해요. 민 주임! 다들 축하한다고 대신 전해줘요."

"네. 팀장님도 축하드려요! 그리고 더 좋은 소식이 있어요."

"더 좋은 소식이 있다구요?"

"서유진 팀장님, 마케팅사업부 부장님으로 승진하셨어요! 전출 온 지 1년 만에 이뤄진 파격 인사예요!"

김 부장의 전출로 공석이 된 자리에 유진이 발탁됐다는 거였다. 민 주임의 말대로 믿기 어려운 파격 인사였다. 그간의 마음고생이 한꺼번에 보상받은 거 같아 유진은 가슴이 뜨거워졌다.

"정말, 고마워요."

누구에게 고맙다는 것인지 모르지만 유진에게는 그 말

밖에는 생각나지 않았다.

공항 로비 저쪽에서 금 대리가 여행 가방을 끌고 뛰어오는 모습이 보였다. 소식을 들었는지 얼굴이 상기돼 있었다.

"팀장님, 어서 가시죠. 이번에도 우리 베스트 팀워크로 멋지게 일을 해결해 봐요. 저는 팀장님만 믿습니다."

"전 금 대리만 믿어요."

두 사람은 나란히 출국장을 향해 갔다.

비행기 탑승 후 옆자리에 앉은 금 대리는 관련 서류를 꺼내놓고 검토 중이다. 유진의 앞에도 서류가 놓였다. 업무는 언제나 유진을 집중하게 만든다. 어려운 일일수록 더욱 집중도가 높아진다. 지금 유진은 예전의 모습으로, 아니 그 전보다 훨씬 더 단단해진 모습으로 돌아와 있었다.

"팀장님, 비행기를 만들 때 가장 중요한 점이 뭔 줄 아세요?"

금 대리였다. 금 대리는 잠시 서류에서 눈을 떼고 창밖을 바라보고 있었다.

"비행기를 만들 땐 양 날개의 높이가 정확히 같도록 하되, 반드시 날개가 유연성을 가질 수 있도록 해야 한답니다. 비행 중에는 양력이 발생되기 때문에 날개가 위로 올라가고, 정지해 있을 때는 중력이 작용해 아래로 축 처지기 때문이래요. 또 날개에는 여러 형태의 반복하중이 나타나면서 균열도 발생할 수 있는데, 날개가 유연해야 반복하중을 분산시킬 수 있고 파괴되는 걸 막을 수 있다고 하네요."

"그래요? 금 대리가 기계공학에 대해 관심이 많은 줄은 몰랐어요."

"실은 기계공학책이 아니라 경영 관련 서적에서 읽은 겁니다."

금 대리는 쑥스러운 말투로 덧붙였다.

"책을 읽으며 팀장님이 떠올랐어요. 제가 팀장님께 배운 게 유연성과 균형이거든요. 우리 팀에 처음 오셨을 때 적응하기 힘드셨죠? 팀장님께서 마음을 먼저 열어주시고 한 사람 한 사람과 대화하면서 문제를 풀어가셨잖아요. 때로는 과감하게 돌진하고 끝까지 포기하지 않는 근성도 보여주셨어요. 포용력 뿐 아니라 추진력을 갖춘 모습에 저절로 존경하는 마음이 생겼어요. 팀장님은 양 날개로 멋진 비행을 하는, 성능 좋은 비행기 같다는 생각을 했죠."

유진은 스스로를 그렇게 생각해본 적이 없었다. 금 대리의 눈에 자신이 그렇게 비쳤다니, 의외였다.

"성능 좋은 비행기라뇨? 당치 않아요. 전 앞에 닥친 일을 피하지 않고 해결하려 고군분투했을 뿐이에요. 날개를 스쳐 지나가는 복잡한 고도와 기류를 아슬아슬하게 타고 날아가는 저 새들처럼 말이에요."

유진은 활주로에서 날아오르는 새들의 날갯짓을 오래도록 바라봤다. 비행기가 서서히 고도를 높이고 있었다. 어느 새 유진은 새의 눈으로 창공을 날고 있었다.

나누는 리더
: 지속가능하게 나눌 수 있다는 것

빵 한 조각을 반으로 잘라 나눠 먹어본 사람만이 아는 즐거움이 있다. 누군가를 위해 가진 것을 내어놓는다는 것이 부유해지는 지름길이라는 걸 아는 사람들이 있다. 고맙게도 여성들은 나눔의 DNA를 지니고 태어난다. 나눔을 행동으로 표현하며 살아온 오랜 세월이 우리 안에 차곡차곡 축적되어 있다는 것은 우리가 밥을 먹을 때마다, 아이의 손을 잡아줄 때마다 확인된다. 그러나 가끔 나눔이 지속가능지 않은 순간이 있다. 내어 줄 것이 하나도 없을 것 같은 척박함을 끌어안고 있을 때다. 내가 나를 보지 않고 남들만 바라보고 있는 순간이다. 굳이 가진 게 많은 것처럼 보이는 사람을 쳐다보면서 모자람을 느낀다. 삶의 기준을 나 자신에게 두지 않고 그의 기준으로 살아가는 순간이다. 나눔의 행복을 내려놓고 모자람 속에서 헤매는 순간이다. 가슴 속 나눔 DNA를 꺼내어 찬찬히 들여다보라. 내 속에서 나온 힘이, 나를 나누고, 나를 행복하게 키우도록, 나를 관리하자.

최고가 되는
여성리더십 5단계

초판1쇄 발행 2016년 03월 16일
개정2쇄 발행 2020년 04월 13일

지은이   홍의숙 · 정혜선 · 허영숙 공저
발행인   송민지
발행처   (주)피그마리온
등록번호   제313-2011-71호
등록일자   2009년 1월 9일
펴낸곳   도서출판 피그마리온
주 소   서울특별시 영등포구 선유로55길 11, 4층
전 화   (02)516-3923
팩 스   (02)516-3921
이메일   book@easyand.co.kr

ISBN 979-11-85831-91-6
값 13,000원